酔っぱらいの歴史

マーク・フォーサイズ　篠儀直子［訳］

Mark Forsyth

A SHORT HISTORY OF DRUNKENNESS

How, Why, Where, and When Humankind Has Gotten Merry from the Stone Age to the Present

青土社

酔っぱらいの歴史　目次

酔っぱらいの歴史

イントロダクション

酔っぱらうというのがどういうことか、わたしはほんとうにはわかっていないのではないかと思う。酔っぱらいの歴史をまさに書こうとしている者がこんな告白をするのは奇妙に思われるかもしれない。率直に言って、無知などという些細なことで著述家がいちいち書くのをやめていたら、本屋は空っぽになってしまうだろう。ともあれいくらかネタはある。わたしはわずか一四歳のころから、酔っぱらいに関する膨大な実地調査を行なってきた。さまざまな面において、自分は晩年の聖アウグスティヌス〔三五四―四三〇、神学者・哲学者〕のような人間ではないかと思う。アウグスティヌスはこう言った。「では時間とは何か？　誰にも問われないのであれば、わたしはそれを知っている。問われて説明しようとすると、わたしはわかっていない」。「時間」という言葉を「酔うこと」に置き換えれば、わたしとこの聖人との近しさはかなりおわかりいただけよう。

基本的な医学的事実は知っている。ジントニックを二杯ほど飲めば、反射能力が鈍る。一ダースも飲んだらランチで食べたものが上がってきて、立ち上がるのも困難になる。何杯飲んだかわからないくらい飲んだら、これはあまり調査したくないのだが、死んでしまうことになるだろう。

でもそれはわれわれの（アウグスティヌス的意味で）知っている酔いではない。確かに、もし宇宙人がうちのドアをノックして、この奇妙な惑星の人々はなぜずっとアルコールを飲んでいるのかと訊かれても、「ああ、反射能力を鈍らせようとしているだけですよ。卓球が上手くなりすぎたら困るんでね」と答えたりはしないだろう。

このあたりでたいてい誰かがひけらかす嘘知識がある。アルコールは抑制心を弱めるというものだ。これほど真実から遠い話もない。わたしがほろ酔いのときにやっていることといえば、しらふのときには絶対やりたいと思わないことばかりだ。しらふのときであれば退屈だと思うような人たち相手に、何時間でも話すことができる。一度など、カムデン・タウンのアパートの窓から身を乗り出して、キリストの磔刑をかたどった十字架を振り回しながら、道行く人々に悔い改めよと呼びかけていたこともある。これは決して、しらふのときは度胸がなくてできないけれどほんとうはやりたかったこと、などではない。

それに、アルコールの効果のなかには、アルコールが引き起こすのではないものもある。ひどく簡単なことで、ノンアルコールビールを、アルコールが含まれていないとは言わずにみんなに渡してみるといい。それから彼らが飲むのを観察し、ノートを取る。社会学者はしょっちゅうこれをやっているが、その結論は毎回変わらず、確実と言えるものだ。第一の結論として、バーにいる社会学者を信用してはならない。タカのような鋭い目で観察しているに違いないのだから。第二の結論として、アルコールが人を活発にするとされている文化で育った人は、飲むと活発になる。宗教的にするとされている文化で育った人は、宗教的になる。飲み会ごとに行動が変わることもある。社会学者がちょっと意地悪をして、酒とリビドーについて調査しているのだと言えば、みんなリビドーに駆られるだろう。歌について調査しているのだと言えば、みんな突然歌い出すだろう。

さらには、自分たちが飲んでいると思っている酒の種類次第で、行動が変わることさえある。有効成分——エタノール——が同一であっても、そのとき飲んでいる酒の起源や文化的連想によって、行動が変わってしまうのだ。イングランド人は、ラガーを数パイント飲むと活発になる傾向があるが、ワイン——上品さとフランスを連想させる——を与えられると、おすましさんになり、あか抜けて、深刻なケースでは頭からベレー帽が生える。「飲んだくれのろくでなし《ラガー・ラウト》」〔lager-lout〕という言葉はあっても、「ヴェルモット蛮人《ヴァンダル》」〔vermouth-vandal〕や「カンパリあまのじゃく《コントラリアン》」〔Campari-contrarian〕という言葉がないのには理由があるのだ。

こういったことを言われるとひどく怒り出す人たちがいる。自分たちの気に入らないこと、たとえば暴力とかが起きるのは、全部アルコールのせいだと彼らは言う。アルコールが禁じられている文化もやはり暴力的だと指摘すると、彼らは不機嫌になる。よくわたしは言うのだが、自分はたいていの人よりもずっとたくさん酒を飲んでいるけれど、八歳のとき（人を酔わせる飲み物が、わが平和主義的な唇に触れるよりも前）を最後に誰も殴ってはいない。そう言うと彼らはこう答える。「うん、そうだね、でもほかのやつらはどうだい？」いつもこれだ、くそう、ほかのやつらめ。だがほとんどの人たちは、楽しいディナーパーティーでひと晩飲んだとしても、そのあいだに右側にいる客を刺したりはしない。

そしてありえないことが起こり、あなたが突然、別の時代、別の場所に移動させられたとしよう。酒を飲んでもあなたがライオン頭の女神ハトホルの姿を見ないことに、古代エジプトの人はとても驚くだろう——当時は全員がそれを見ていたと思う。新石器時代のシャーマンは、なぜあなたが先祖と交信しないのかと思うだろう。エチオピアのスリ族は、どうして仕事に取りかからないのかと訊くだろう。スリ族の人たちは酒を飲むと仕事をすることになっていて、「ビールのないところ、仕事もない」ということわざもあるくらいだ。専門的なことをついでに言うと、これは移行的飲酒〔transitional drinking〕と呼ばれている。一日のある時点から別の時点への移行のしるしとして酒を飲むことだ。イングランドでは仕事が終わったから酒を飲むのだが、スリ族は仕事を始めるから酒を飲むのである。

次のような言い方もできる。亡くなったときマーガレット・サッチャーは、愛用のワイングラスと、そこらへんのお店で買える手ごろな価格の酒と一緒に埋葬されたりはしなかった。われわれはこれが当たり前だと思っている。それどころか、そんなことをしたら変だと思われただろう。だが、われわれのほうこそが変であり、変わり者であり、変人であるのだ。人類史のほとんどにおいて、政治指導者は、死後たくさん酒を楽しむための必需品とともに埋葬されてきた。この伝統はミダース王まで、エジプト先王朝時代まで、古代中国のシャーマンまで、そしてもちろんヴァイキングまでさかのぼる。息を引き取って久しい人々でさえ、時々は酔っぱらいたがる。ケニアのティリキ族に訊いてみるといい。彼らは万一の場合に備え、先祖の墓へビールを注ぎに行くのだ。

酔っぱらうことはほぼ普遍的なことである。世界のほぼすべての文化に酒がある。例外的に酒にあまり熱心ではないふたつの文化——北米とオーストラリア——は、酒に熱心な人々が入植してできたものだ。そして時代ごとに、場所ごとに、酔うことは違った意味を持つ。それは祝福であり、儀式であり、人を殴る口実であり、決断方法であり、契約の締結であり、ほかにも何千もの独特な目的で用いられてきた。古代ペルシア人は、重大な政治的決断を行なうにあたっては二度話し合った。一度は酔っぱらって、もう一度はしらふで。二度とも同じ結論に至った場合、行動に移した。

本書はこうしたことを扱う。アルコール自体ではなく酔っぱらうことについて、そこに潜む危険と神々についての本である。シュメールのビールの女神であるニンカシから、メキシコの酔っぱらった四〇〇羽のウサギまでもが登場する。

始める前に、二、三の点を明確にしておかねばなるまい。第一に、これは小史である。酔っぱらいについての完全な歴史は、完全な人類史になるだろうから、とんでもなくたくさんのページ数が必要になる。そうではなくわたしは、歴史上の特定の時点をいくつかピックアップし、人々がいかに酔っぱらおうとしてきたかを見ていくことにした。ワイルド・ウェストのサルーンや中世イングランドのエールハウスの店内は、あるいは古代ギリシアの饗宴《シュンポシオン》は、実際どんな感じだったのだろう？　古代エジプトの娘は、酒をたくさん飲みたいと思ったとき、いったい何をしたのだろう？　もちろん夜ごとに様子は違うだろうが、ぼんやりとしたものであれ妥当なイメージを描くことは可能だ。

歴史書は、誰それが酒飲みだったという話は好んで語るが、飲酒の詳細は説明してくれない。どこで飲んでいたのか？　誰と？　時間はいつごろ？　飲酒には必ずルールがつきものだが、書き残されることはまれだ。たとえば現代の英国では、法が施行されているわけでもないのに、空港にいるときやクリケットの試合の場合を除き、午前中に酒を飲んではならないと、ほぼ誰もが知っている。

しかしルールの中心には、ルール無用の酔いがある。カクテル・パーティーにまぎれこんだアナキストだ。彼女（その人物は女性だと思う、酒の神はたいてい女性だから）こそが、わたしの観察したい対象である。理想を言えば、逮捕してマグショット〔逮捕した人物を正面と側面から撮影した写真〕を撮りたいところだが、そこまでできるかは確信がない。だが少なくとも、酔っぱらうとはどういうことかとあの好奇心旺盛な宇宙人に訊かれたときに、何らかの答えを示せるものになればと思う。

1 進化

自然の法はたいていの場合
理にかなっているもので、
そしてどこにでも、きっと理由があって、
アルコールはあるものだ。
植物にはアルコールが入っていて、
それは自然の定めに違いなく、
ではきっと、かなりの確率で、
人にもアルコールがあるだろう。

A・P・ハーバート（一九五六）
〔サー・アラン・パトリック・ハーバート（一八九〇―一九七一）
英国の作家、劇作家、国会議員〕

ヒトになる以前、われわれは酒飲みだった。アルコールは自然に生まれる。ずっと前もいまも。四十何億年か前、生命が誕生したころ、原始スープのなかでは単細胞生物がのどかに泳ぎまわり、単純な糖を食べてはエタノールと二酸化炭素を排出していた。実質的にビールを排泄していたわけだ。

幸運なことに生命は進化し、木が生まれ、果実が生まれた。そして果実は、腐るにまかせた場合、極めて自然に発酵する。発酵すれば糖とアルコールが生じ、ミバエ〔果実にたかるハエ〕がそれを嗅ぎつけてがつがつと食べる。われわれ人間が認識しているような意味でミバエが酔っぱらうかどうかは定かではない。悲しいかな、彼らは話すこともできなければ、歌うことも車を運転することもできないのだ。わかっているのは、メスのミバエから冷酷かつ尊大に求愛をはねつけられた場合、オスのミバエのアルコール消費量が激増することだけである。

動物にとって不運なことに、それなりの数の動物の集団に充分な量のアルコールが、自然に発生することはない。いや、たまにはある。パナマ沖のある島では、マントホエザルが、ホシダネヤシから落ちた果実（アルコール度数四―五パーセント）で酒盛りをする。彼らは騒々しくにぎやかになり、それから眠くなってふらふらし、時には木から落ちて怪我をしたりする。体重で換算すると、赤ワイン二本を三〇分で空けた計算になる。だがこれはまれな例だ。たいていの動物には、行きわたるほどの酒は与えられない。親切な科学者に捕まって実験室に入れられ、おなかに酒を詰めこまれないかぎりは。

酔っぱらった動物というのはかなり可笑しい。だから、われわれの四本足の仲間たちの脳や行動にアルコールがもたらす影響を、厳密な実験で研究している科学者は、さぞや笑いをかみ殺しどおしだろうと思わずにはいられない。ラットに強い酒を、あるいは無尽蔵な量のアルコールを与えたらどうなるだろう？　ラットの集団を飲み放題のバーに放りこんだりしたら？

実を言えば、彼らは結構行儀よい。最初の数日はそうでもないが。最初彼らはちょっと羽目を外すけれど、大部分はやがて一日二杯程度に落ち着く。食事の前に一杯（科学者はこれをカクテルアワーと呼ぶ）、就寝前に一杯（ナイトキャップと呼ぶ）。三日か四日に一度、アルコール消費量が跳ね上がる。ラットが全員集合してちょっとしたラット・パーティーになるからだ。何だかのどかな話だから、ラットに生まれればよかったとあなたが思ったとしても無理はない。だが心に留めておくべきことがふたつある。第一に、すべてのラットが実験室に入れるわけではない。第二に、ネズミが酔うことにはダークな側面もある。ラットのコロニーには通常支配者のオスが一匹いる。キング・ラットだ。キング・ラットは禁酒家だ。アルコール消費量が最も多いのは、社会的地位の低いオスである。彼らは自分の神経をなだめるために飲む。心配事を忘れるために飲む。落伍者だから飲んでいるかのようである。

そしてそれが、動物の飲酒を研究しようとする際の最大の問題のひとつだ。閉じこめられて押したりつついたりされるのは非常なストレスだから、哀れなけものは、酔っぱらえるものが与えられれば何でも飛びつく。そして公正を期すために言えば、これは逆サイドにも当てはまる。もしもオランウータンの一団に捕らえられ、ボルネオのジャングルの樹上に連れて行かれてドライ・マティーニを口に突っこまれたら、たぶんわたしは飲み干すだろう。高いところが怖いから特に。

だから科学者は、警戒させることなく酒を与えるさりげないやり方を考えねばならない。ゾウの場合はとりわけそうだ。いかなる状態であれ、酔っぱらったゾウを動揺させたくはないだろう。ゾウは凶暴になる。一九八五年、インドで、ゾウの一群が蒸留酒製造所に押し入ったことがあり、その結果はいいものではなかった。一五〇頭もいたゾウが酔っぱらって喧嘩を始め、暴動状態になったのだ。コンクリートの建物七棟が崩壊し、五人の人間が踏み殺された。率直に言って、酔っぱらいのゾウは一頭だって持てあますのに、一五〇頭となっては制御不能だ。

これと似たことを、もっとコントロールされた方法で、サファリパークで実行することができる。ビール樽をふたつばかりピックアップトラックの荷台に載せて、ゾウの近くまで行き、蓋を開けて舐めさせるのだ。たいてい押し合いへし合いになり、大きなオスのゾウたちがほとんどを飲む。その後、彼らはよろめき、眠りこむ。観察しているとかなり愉快だ。ところがこんな事態でさえよからぬことになりうる。ボス的なオスのゾウにちょっと飲ませすぎてしまったある科学者は、サイとぐでんぐでんのゾウとの喧嘩を仲裁する羽目になった。普通ゾウはサイを攻撃しないのだが、酔っぱらったゾウは横柄になるのである。

アリを相手にしておくほうがずっと安全だ。アリには合言葉があるという説が以前あった。アリは、よそ者のアリを決して自分たちの巣には入れない。そこで、彼らはどうやって仲間とよそ者とを見分けているのかという疑問が生まれる。合言葉説は奇妙な説だが、ヴィクトリア女王時代の風変わりな博物学者たちのあいだで、まあまあ人気のある説だった。この説を徹底的に粉砕したのは、初代エイヴベリー男爵サー・ジョン・ラボックである。彼は一八七〇年代、ある実験を行なった。


アリは巣ごとに、仲間を見分けるための何らかの合図や合言葉を持っているのではないかと言われてきた。これを検証するため、わたしは彼らの感覚を鈍らせてみた。最初に試したのはクロロフォルムだが、これはアリにとっては命を奪いかねないものだった。（中略）この検証は満足のいくものとは思えなかった。そこでわたしは彼らを酩酊させることにした。思っていたほど易しいことではなかった。わたしが実験したアリたちの誰ひとりとして、自分から酒を飲んでみずからの品位を落とそうとはしなかったのである。けれどもこの難問は、アリを少しのあいだウイスキーに漬けておくことで解決された。実験対象は五〇匹。ふたつの巣から二五匹ずつ取って泥酔させ、塗料で印をつけてテーブルに置く。その近くでは、いずれか一方の巣のアリたちが食事をしている。アリたちが迷い出てしまわないよう、例によってテーブルは水の堀で囲まれている。食事をしていたアリたちは、わたしが酔わせたアリたちにじきに気がついた。自分の同胞がかくも不名誉な状態にあることに彼らは極めて驚き、われわれ人間がそうであるのと同様、この酔っぱらいたちをどう扱ったものかと困惑しているようだった。しかしながら、手短かにお話しすると、しばしののちに彼らは全部の泥酔アリを連れて行った。よそ者アリは堀の水に投げこんでしまい、仲間のアリは巣まで連れ帰った。巣に戻った泥酔アリは、眠っているうちに徐々に酒が抜けていった。したがって、合図をすることも合言葉を言うこともできない状態であっても、アリが仲間を見分けられることは明白だ。

奇妙でばかげたことのように聞こえるかもしれないが、ヒトの酔っぱらいと動物の酔っぱらいとの連続性、毛むくじゃらなものたちとすべすべなものたちとの重なり具合は、ヴィクトリア女王時代の生物学の大きな進歩に、事実影響を与えたのだった。酔っぱらったサルは可笑しいとチャールズ・ダーウィンは考えた。実際可笑しい。けれどもダーウィンはまた、彼らは意義深いとも考えた。ヒヒの捕まえ方に彼は非常な感銘を受けた。

アフリカ北東部の原住民は、強いビールの入った容器を野生のヒヒに見せ、酔わせることで捕獲する。［あるドイツ人の動物学者は］飼育しているヒヒがこの状態になっているのを見たことがあり、そのヒヒたちの行動や奇妙なしかめ面について、笑いを誘うような話を語っている。翌朝ヒヒたちは、ひどく機嫌が悪くて憂鬱そうだった。痛む頭を両手で押さえ、非常に哀れな表情を浮かべていた。ビールやワインを差し出されると嫌悪の表情で顔を背け、一方でレモンの果汁を好んだ。アメリカに棲むサルであるクモザルは、ブランデーで酔っぱらうと、その後二度とブランデーに手を出さない。したがって多くの人間よりも賢いと言える。このような些細な事実からも、サルとヒトとの味覚神経がいかに類似しているかがわかる。

サルとヒトとが同じように二日酔いになるなら、両者には関連があるに違いないとダーウィンは考えた。これだけが証拠だったわけではないが、大司教〔primate〕は霊長類〔primate〕でもあると証明する出発点となったのだった。

これはまた、毛むくじゃらの家系についての、ごく最近登場したとある説の先駆けでもあった。

酔っぱらいのサル仮説

ヒトは酒を飲むようにできている。実際ものすごく得意だ。哺乳動物のなかではいちばん、おそらくはマレーシアに棲むツパイ〔リスに似た外見の動物で、かつては「キネズミ」と呼ばれた〕の次に。

ツパイと酒飲み競争をしてはいけない。するとしても、体重に合わせた比率調整をしてはいけない。彼らはワインを九杯飲んでもけろっとしている。ヤシの発酵果汁を主食として生きるよう進化したからだ。何百万年もの進化のあいだ、マレーシアでいちばんの大酒飲みツパイが選ばれてきたのであり、いまいる彼らはチャンピオンである。

だがわれわれも同じだ。われわれは酒を飲むよう進化した。一〇〇〇万年前、われわれの祖先は木から降りた。どうしてそうしたのかははっきりしないが、熟れすぎの素敵な果実を森の地面に見つけたのかもしれない。その果実には糖もアルコールもたっぷり含まれている。というわけでわれわれは、遠くからでもアルコールを嗅ぎつけられる鼻を発達させた。アルコールは、糖へと導く印だった。

このことは、科学者がアペリティフ効果と呼ぶものと関連している。アルコールの味や香りは食欲をかきたてる。考えてみればちょっと奇妙なことだ。アルコールはカロリーが高い。カロリーを摂取したのに、どうしてもっと欲しくなるのか?

少量のジントニックは消化器を刺激すると言う人もいるだろうが、これは事実ではない。アルコールを点滴で投与しても同じ効果が得られる。酔っぱらって食事をすると単に自制心がなくなるからだというわけでもない。アルコールによって脳内の特定のニューロン*が刺激され、ものすごく空腹になるのだ。これは、ほんとうにほんとうに飢えているときに刺激されるのと同じニューロンである。すると一〇〇〇万年前の話は完璧に説明がつく。森のなかで、樹上をちょっと恋

* 正確に言うと、視床下部にあるAgRPニューロン。どういうものかは知らないが。

しく思いながら地上をぶらぶらしていると、何か素敵な匂いがしてくる。熟れすぎた果実だ。匂いをたどり、でっかいメロンか何かを見つける。一回の食事で食べきれる量ではないが、ともかく食べねばならない。カロリーは全部脂肪としてたくわえ、あとで燃やせばよい。するとそのときフィードバックシステムが働く。ひと口ごとにアルコールが摂取され、それが脳に到達してもっと空腹になり、もっと食べるとまたもっと食べたくなり、その結果五〇万世代後の子孫は、パブから千鳥足で帰りつつ、死ぬほどケバブが食べたいと思うのだった。

話を一〇〇〇万年前に戻そう。アルコールのおかげで食べ物にたどり着き、アルコールのおかげでもっと食べたくなった。だが今度はアルコールを処理する必要がある。でなければ、自分が誰かの食べ物になってしまう。先史時代の捕食動物をやっつけるのはしらふのときでさえたいへんなのに、へべれけの状態で鋭い牙のトラにパンチを食らわそうだなんて悪夢でしかない。

というわけで、味を覚えたわれわれは、今度は――進化の必然として――処理のメカニズムが必要になる。一〇〇〇万年前、ひとつの遺伝子変異があって、まさにわれわれはマレーシアのツパイと同じくらい上手くアルコールを処理できるようになった。それはわれわれが作り出すようになった特定の酵素*と関係している。突如ヒトは（またはヒトの祖先は）、ほかの類人猿全員を酔いつぶれさせるくらい飲めるようになったのである。現代の人類の場合、肝臓の酵素の一〇パーセントは、アルコールをエネルギーに替えることに従事している。

だが最後にもうひとつ、われわれにとって最も重要な進化が残っている。飲み方だ。ヒトは社会的に飲む。われわれは集団でアルコールを飲み交わす。みんな上気してぽわーんとなって、この人たちは親友だ、彼らを愛してるだのといった戯言を人に言う。「酔っぱらいのサル仮説」のいちばん興味深い部分は、これがすべて進化によってプログラムされていたというところだ。われわれがアルコールを飲んで楽しくなるのは、カロリーを摂取し尽くした報酬である。われわれがアルコールを集団でシェアするのは、類人猿は家族や群れで食事を分け合うものだからである。われわれが集まって飲むのは、捕食動物から身を守るためである。酔っぱらいひとりなら獲物だが、酔っぱらい二〇人になると、鋭い牙のトラも考えこむだろう。

最後の部分は、この説のなかでも推測の度合いが最も高い部分だけれど、かなり説得力はある。われわれ人類は酒を追い求めることにかけてはチャンピオンであり、「酔っぱらいのサル仮説」はその理由を説明してくれる。とはいえ指摘しておかねばなるまいが、すべての生物学者がこれに同意しているわけではない。さらには、進化なんてでたらめだ、われわれは慈悲深き神によって創られたのだと考える人たちさえいる。創造説論者と進化論者は小競り合いを繰り返す非文明的傾向があるが、両者のそれぞれ異なる道のりは、同じ方向へと向かっている。合衆国建国の父のひとりであるベンジャミン・フランクリンの有名な言葉に、ワインの存在は「神がわれわれを愛し、われわれの幸福をお望みである証し」だというものがある。だが同じ手紙のなかで、彼は人体についての意義深い考察も行なっている。

神の摂理に対する信心と感謝をさらに確かなものとするために、ひじが置かれている状況を考えてみましょう。地上に流れる水を飲む動物は、脚が長い場合首も長いので、膝をつかなく

* 正確に言うと、活性型アルコール脱水素酵素クラスⅣ（ADH_4）。どういうものかはさっぱりわからないが。

とも飲むことができます。これに対し、人間はワインを飲むよう定められているため、グラスを口元に持っていけるよう形作られています。もし、ひじが手の近くにあったなら、その先の部分が短すぎるので、グラスを口まで持っていけないでしょう。肩の近くにあったなら、その先の部分がとても長くなるので、ワインを口まで持っていこうとしてもとおり過ぎてしまい、頭の後ろまで行ってしまうでしょう。(中略) しかし、実際のひじの位置のおかげで、われわれは安心してワインを飲むことができ、グラスをまっすぐ口まで持っていけるのです。ではグラスを手に、この慈悲深き叡智を讃えましょう。——讃え、飲みましょう!

フランクリンはまた、ノアの洪水は水で人類を溺れさせることで、水を飲んでいることを罰しようとしたものだとも述べている。だが、進化であれ神意であれ、どちらの方向から考えたとしても、われわれは酒を飲むようにできているのである。

2　飲酒前史

解剖学的に現代の人類と言えるもの（みなさんのような）はおよそ一五万年前からいるが、最初の一二万五〇〇〇年はひどいものだった。誰でもわかることだが、酒がなかったのである。もちろん不確かなところはある。先史時代の人類はメモを取っていなかったから。狩りをしたり木の実を拾ったり、洞窟に絵を描いたりで忙しかったのだ。

最初の希望の兆しは、《ローセルのヴィーナス〔角を持つヴィーナス〕》と呼ばれるレディである。およそ二万五〇〇〇年前に誰かが、巨大な乳房と大きなおなかの、角《つの》の杯を口元に持っていこうとしているように見える女性の像を彫った。これが角杯だと全員が認めているわけではない。それは単なる楽器であり、この女性は気の毒に、どっちの側に口をつけて吹いたらいいのかわからないのだと言う人もいる。月経と関連があると考える考古学者もいる。もちろん角杯だったとしても、水しか入っていないかもしれない。でも、水を飲んでいるさまをわざわざ石に彫って永遠に残そうとするとは思えない。結局のところ、悲しいかな、真相がわかることはないだろう。

同様に、当時アルコールが造られていたかどうか、単にたまたま見つかるだけのものだったかもわからない。初期の酒のほとんどは、造られるよりも発見されるものだったろう。ミツバチが関わってくる愉快な説がある。木のうろにミツバチの巣があるとしよう。そこに嵐が来て木が倒れ、巣が雨で水浸しになる。ハチミツ1に対しておよそ2の雨水があれば、ただちに発酵は始まる。だから、数日後とおりかかった、のどの渇いたしらふの原始人は、かなり素敵なものを見つけるだろう。天然のミード［ハチミツ酒］だ。人類はハチミツが大好きだから、きっと試してみたに違いない。ハチミツと同じ味だ。ただし酔っぱらうけれど。

これは説に過ぎないものの、面白い説だ。もっと退屈な想像をすると、拾った果実を、どこか水に濡れない場所に蓄えておけばよい。底のほうにたまった果汁が泡立ちはじめ、じきに原始のワインになるだろう。そのためには陶器が必要だ。さらに大事なことに、一定期間同じ場所にとどまっている必要がある。そしてわれわれの祖先はほとんど移動生活をしていたと、あらゆる証拠が示している。

ではなぜ定住したのか？　従来の説明は、食物を育てるためだったというものだ。ではたぶん酒も造りはじめただろう。それから大きな神殿を造り、文明化される。ぱっと見、筋はとおっているが、ひどく間違っている可能性もある。

現在知られている最も古い建造物は、トルコのギョベクリ・テペと呼ばれるものだ。これは不思議な場所である。というのも、ちゃんとした屋根も壁もなく、人が住んでいた証拠もまったくないのだから。周りに住民の物の名残りがあるわけでもない。だが説明はつく。ギョベクリ・テペはおよそ紀元前一万年、人類が農耕のために定住するより前にあったのだ。だからこの場所は狩猟採集民たちが、神殿のようなものとして造ったのだと考えられる。とても大きな建物で、使われた石板の重さは一六トンにも及ぶ。建造するには、たくさんのさまざまな部族が集まって力

The Venus of Laussel, limestone relief, France c. 25,000 years ago.

《ローセルのヴィーナス》石灰岩レリーフ、フランス、約 25,000 年前。

を合わせる必要があったろう。

なぜそんなことを？

ギョベクリ・テペには石の浴槽のようなもの——最大のものは容積およそ四〇ガロン〔一八〇リットル〕——がいくつかあり、それにはシュウ酸塩という化学物質の痕跡がある。大麦と水を混ぜると発生する物質だ。大麦と水を混ぜれば、自然に発酵してビールになる。するとギョベクリ・テペは一種の集会場で、各部族が集まってビールを飲んでいたのではないかと思われる。ふわふわするにはいい場所だ。丘の上で、眺めもよい。

もちろんほかの説もある。普通あるだろう。ある人たちは、ビールは建築作業の報酬だったと言う。別の人たちは次のように言う。ビールなんてものはなかった。少しふやけた大麦が好きだから水と混ぜただけだ。泡立ちはじめ、美味しい亜旧石器時代エールになる前に、大麦は取り出されてしまったに違いない。

だがビールは存在していたようなのだ。そしてもっと重要なことに、神殿ができるより前に、農耕が始まるより前に、ビールは存在していたようなのだ。するとここから、人類史に関するすごい説が導かれる。われわれが農耕を始めたのは、食べ物が欲しかったからではない——そこらじゅうにたっぷりあったのだから。われわれが農耕を始めたのは、酒が欲しかったからだ。

これはみなさんが思うよりずっと理にかなった説である。理由は六つ。第一に、ビールはオーブンを必要としないから、パンよりも簡単に作れる。第二に、人間が健康で強くあるために必要なものであるビタミンBが、ビールには含まれている。捕食動物は他の動物を食べてビタミンBを摂取する。穀物を育てている農耕民が、ビールなしでパンだけの食事をしていたら、貧血になって大きな捕食動物に殺されてしまう。だが小麦や大麦を発酵させればビタミンBができるのだ。第三に、ビールは単純にパンよりもすぐれた食べ物である。酵母があなたの代わりにすでにいくらか消化をしてくれているから、ずっと栄養が取れる。第四に、ビールは蓄えておいてあとで飲むことができる。第五に、ビール中のアルコールはいやな微生物を全部殺して、原料である水を浄化してくれる。定住に関わる最大の問題は、どこかでうんちをしなければいけないことで、うんちのかけらが水に入りこみ、口へと戻ってきてしまうことだ。これは移動する民は直面しない問題である。

第六の、そして最大の論拠は、ほんとうに行動を変えるには、文化的動機が必要だというものだ。もしもビールが、そのためにわざわざ長旅をするに値するものであるならば（それが事実だとギョベクリ・テペは示唆している）、そしてもしもビールが、宗教的飲み物であるならば（それが事実だとギョベクリ・テペは示唆している）、最も熱心な狩猟者でさえ、定住して醸造用の大麦を育てようという気持ちになるだろう。

それで紀元前九〇〇〇年ごろ、われわれは農耕を発明したのだった。日常的に酔っぱらうためだ。これはふたつの結果をもたらした。第一に、酒の存在についての、疑う余地のないきちんとした考古学的証拠が得られるようになった。ワインについては特にそうだ。酒石酸の痕跡を残すからである。中国で見つかったそれは、紀元前七〇〇〇年にさかのぼる。もう少しあとの時代のイランにもあり、そこから西へ、地中海地方へと広がった。もちろん逆方向だった可能性もある。大いなる沈黙のただなかに、時々考古学的なささやきが聞こえるだけというのが現状なのだから。

第二の、そしてずっと重要性の低い結果は、文明である。

3　シュメールのバー

　都市は、農民が働きすぎた結果である。それどころか歴史自体、農民が働きすぎた結果である。あなたが食糧生産と関係のない仕事をしているのなら（そしてあなたが生きているのなら）それはつまり、どこかの農民が、自分に必要なぶんより多く食糧を作っているということだ。すなわちあなたは専門職に就いている。衣類であれ、住宅であれ、警護であれ、会計事務であれ、何か食糧の見返りになるものをあなたは提供しているはずだから。農業生産量に余剰が出ていることを示す確かな証拠は、人口が集中していながらまったく食糧を生産していない場所の存在だ。そうした場所は都市《シティ》と呼ばれ、市民《シチズン》〔citizen〕が住んでいる。

　シチズンにあたるラテン語は civis だ。そこから「民間の」〔civil〕や「文明」〔civilization〕といった語が生まれた。

　農民に見返りを贈ると、これは交換と呼ばれる。交換は争いを引き起こす。こうした争いを解決する人々は政府と呼ばれる。政府は、王や軍、調査旅行といった重要な事柄のための資金を必要とする。そして、誰が税を払い、誰が払っていないかを覚えておくのはひどく難しいことだから、税には文字記録が必要となる。文字によって先史時代は終わり、歴史が始まる。

こうしたことがかなり突然、紀元前四〇〇〇年紀後半に、現在のイラクでいっぺんに起こった。この地はかつてメソポタミアと呼ばれていた。シュメールとも呼ばれていた。その地の言語がシュメール語という名前だったからだ。ともかくその地の人々が文明を発明した。その後はずっと下り坂だが。

人々が最初に頻繁に書いたのはビールのことだった。ごく初期に書かれたのは借用書である。でもコインなんてものはない。大麦、金《きん》、またはビールで支払われた。最初のころ、つまりおよそ紀元前三二〇〇年ごろは、ツケの量を示すものとして、円錐状のビールジョッキの絵が描かれていた。それがたちまち様式化され、粘土板に刻みやすいかたちになった。現在トイレのドアに書かれている「男性」「女性」のマークが、リアルな人体のかたちをしていないのと同じで、数本の線を粘土板にひっかいてできる模様が、ビールを表わす記号になったのである。それはビールを意味することもあれば、ビールという意味の言葉の音——「カシュ」〔kash〕と発音された——を表わすこともあり、かくしてこの記号は、文字となった。

これはつまり、メソポタミア人が借用書以外のものも書けるようになったということである。彼らは自分たちが重要だと思うものすべてについて書いた。一般的には、神とビールのことだ。ニンカシのことも書いた。ビールの女神である。彼女は休むことなく永遠にビールを醸造する。ニンカシを讃える歌によると、彼女は大きなシャベルでビールパン種をこね、かまどで乾かし、壺に入れて水でふやかして、麦汁、ハチミツ、ワインなどを加えていく。シュメール人のビールの作り方は正確にはわからないが、専用の容器がたくさん使われたのは確かだ。それについてはあとで見ていこう。

誰もがビールを飲んだ。王は玉座で飲んだ。神官は神殿で飲んだ。現在知られている歴史上最古の詩人はエンヘドゥアンナという名の女性であるが、彼女はアッカド王サルゴンの娘で、ウル〔シュメールの都市の名〕の神殿の女神官だった。自分の知っていることを書くという原則に従い、ウルおよびその周辺の神殿を讃える多くの詩を書いた。こんな感じだ。

イリ＝クグ〔Iri-kug〕〔聖なる都市〕に面したあなたの門のところで、屋外に置かれた聖なるアン〔天神〕の美しき鉢に、ワインが注がれる。あなたに入るもののすべてが比類なく、あなたから出ずるもののすべてが永遠だ。（中略）ニンギルス〔豊穣と戦いの神〕が大いなる畏怖で満たした、恐ろしきファサード、輝きの家、裁きへと至る場！　すべての神々はあなたの大酒宴に出席される。

あるいは、

おおイシンよ、何もなき平原にアンがお建てになった都市よ！　その外見は力強く、その内部は優美に作られ、その神々しい力は、アンがお定めになった神々しい力である。エンリル〔風と嵐の神〕の愛する神殿、アンとエンリルが運命の決定を行なう場、大いなる神々が正餐をとる、大いなる畏怖に満たされた場。すべての神々はあなたの大酒宴に出席される。

率直に言って、彼女の詩はどれも似たり寄ったりかもしれない。父親が皇帝として知られてなかったら、彼女の作品が出版されることもなかったのではないかと思う。時代は変われど、変わらぬことはあるものだ。

ポイントは、ビールが重要で神聖なものと考えられていたことである。文明はビールなしでは到来しなかったと暗示する神話もある。それは智恵の神エンキが、あるとき、イナンナという名のイケイケの女神と座っていたときのこと。当時人類にはまだ技術も知識もなかった。

というわけでエンキとイナンナはアプス*でともにビールを飲み、甘いワインを楽しんでいた。酒はブロンズ製の器のへりまでなみなみと注がれていた。ふたりはどちらが酒に強いか競争を始め、ウラシュ〔地の女神〕のブロンズの器から飲んだ。

長い話になるので手短に言おう。イナンナが勝った。エンキが酔っぱらって正体をなくしているあいだに、彼女は天からすべての智恵を盗み出し、地にもたらした。目を覚ましたエンキは智恵が盗まれていることに気づいて怒り狂ったが、時すでに遅かった。

シュメール神話のなかでも最も有名なものである『ギルガメシュ叙事詩』は、メソポタミア版モーグリ〔キップリング『ジャングル・ブック』に登場するオオカミに育てられた少年〕とも言うべき、動物に囲まれて育った野人エンキドゥの話から始まる。イナンナに仕える女神官がエンキドゥのもとに現われ、彼を人間らしくしようとする。その方法は、性交してから酒を与えるというものだ

* 神話に登場する地底の大海。

った（通常とは順番が逆だ）。エンキドゥはたちまちワイン七杯を飲み干し、これを気に入る。それから友だちの動物たちのところへ戻ろうとしたが、動物たちは彼ともう仲よくしようとしない。それでエンキドゥは代わりにウルク〔都市の名〕へ行き、ギルガメシュ王と戦って、彼と友だちになる。それから死ぬ。この話のどこかに教訓があるのだろうけれど、わたしには見当もつかない。

重要なのは、ビールがどこにでもあったということだ。ビールは人を人間らしくし、人を文明化するものだった。シュメールのことわざに「彼は恐ろしい、まるでビールを知らない人間のように」というのがあるが、もっとぶっちゃけたものもある。それはこうだ。「ビールを知らないことは普通ではない」。

では平均的シュメール人はどうやってご陽気になっていたのだろう？ われわれが旅行者で、紀元前二〇〇〇年ごろ、南イラクにあるウルの街に着いたとしよう。* われわれはジッグラトにも観光にも興味はなく、とにかく酔っぱらいたい。さてどうするか？ 権力者でも神官でもないから、宮殿や神殿に行っても仕方ない。必要なのは酒場だ。幸運なことに酒場は存在した。あとは見つけるだけだ。

酒場はたいてい広場の近くにあった。だがここは、なんとびっくり、六万五〇〇〇人もの住民がいる（メイドストン〔英国ケント州の州庁所在地〕の半分以上の人口だ！）世界最大の都市だから、たぶんたくさんあったろう。酒場かどうかを見分けるには、入口の外に娼婦がいるか見ればよい。では娼婦をどうやって見分けるか？ そうだな、彼女たちは衣服を一枚しか着ておらず、たぶん真珠のネックレスを身に着けているだろう。必ずしもウルの娼婦がお金持ちだからではない。当時はいまより人が少なく、真珠貝は多かったからだ。

それでわれわれは平たい屋根の、背の低い、泥のレンガでできた建物の並ぶ通りを歩いていく。ビンゴ！ 中へ入ろう。最初に気づくのは中が暗いこと、強い匂いがすること、ハエがいっぱいいることだ。これはビールがその場で醸造されているからである。ワインがあるとすれば、郊外から運ばれたものだろう。ビールはここで造られていて、匂いは、醸造に使われるモルトや大麦などなどの匂いである。

暗闇に目が慣れるにつれて器具が見えてくる。おけや深鍋や平鍋が並んでいて、特有の名前が全部にある。ガックル〔gakkul〕という名のおけ、ラムサレ〔lamsare〕という名のおけ、麦わらで編んだおけ、ウグルバル〔ugurbal〕という名の壺。（これらはみな醸造過程で使われたものだが、厳密な用途がそれぞれ何だったかについては、考古学者たちはまだ結論に至っていない）。それなりにおしゃれな店なら、これらは綺麗な模様の陶器であるかもしれない。でもわれわれがいまいる店はたぶんそうではないだろう。

ここには誰がいるのか？ シュメールの文献には、店の外の娼婦に言及したものは多数あるけれど、店内の娼婦に言及したものはひとつしかなく、その娼婦は、こっそり窓から忍びこんだのだった。だから酒場は売春宿のたぐいではない。女性は少なくともひとりいたが、彼女は店のオーナーである。

＊ 当時はイラクとは呼ばれていなかった。当時は……ええと、ウルと呼ばれていた。あと、当時は誰も紀元前二〇〇〇年だとは知らなかった。

酒場は必ず女性が経営していた。そのことは、シュメール王名表から読み取ることができる。シュメール王名表とは、メソポタミアの半伝説的な王たちのリストのことだ。ひとりだけ女王が記載されていた。キシュ〔古代メソポタミアの都市、およびそこを中心とした王国の名〕を一〇〇年統治した（だから半伝説的と言いましたよね）酒場の女主人、ク・バウである。酒場の主人が女性だというのは、ビール醸造が家事のひとつだったことからも道理に合っている。それは女性が行なう、骨の折れる仕事だった。オーナーが女性であったことについては、ハンムラビ法典からさらに確証を得られる。実際に書かれたのは三〇〇年後だが、それはさておき、ハンムラビ法典には酒場への言及が三箇所ある。

108　酒場の主人〔女性形の名詞〕が、酒の支払いとして相応の重量の穀物を受け取らずに銀を受け取った場合、または支払った穀物の分量よりも酒の分量が少なかった場合、この女は有罪となり、水に投げこまれる〔溺死させられる〕。

109　謀略者たちが酒場の主人〔女性形〕の家で集合し、しかもこれらの謀略者たちが捕えられもせず、法廷へ引き出されもしない場合、酒場の主人は殺される。

110　「神の姉妹」が酒場を開いた場合、または酒場へ酒を飲みに入った場合、この女は焼き殺される。

右から順にではないが見ていこう。まず謀略者。酒場は怪しげな場所だった。通りからちょっと入ったところにある小さな暗いバーであり、そこで人々は、集まったりたくらみごとをしたり、不法な取引をしたり、政府の悪口を言ったりした。われわれも店内を見わたせば、これに当てはまる人たちを見つけることができるだろう。

第二に「神の姉妹」。これは女神官のことだ。酒場は、きちんとした娘の行くところではなかった。女性がまったくいなかったというわけではない。自分の娘がそこで時間を過ごしてほしいとは、必ずしも思えない場所だったということである。シュメールのことわざに、次のようなものがある。

宮廷は荒れ地になることを避けられない。船は藁《わら》になることを避けられない。自由人は強制労働を避けられない。王の娘は酒場を避けられない。

このことわざが何を意味するかは完全には明らかではないが、「物事は必ずふさわしくない結末を迎える」的なことのように思われる。それに、もし王の娘がここに来たら、われわれのほうが彼女を避けて近づかないようにしないと。面倒はごめんだからね。

常連客についてはそんなところ。彼らはごちゃ混ぜだ。ビールを頼むことにしよう。大事なこととして、ハンムラビ法典の第108条を忘れないように。酒場の女主人は少なめの酒を出そうとするかもしれない。もしそんなことがあったら、通報して彼女を溺死させねばならない。

シュメール人はかなりいろいろな種類のものを飲んでいた。大麦のビール、赤いビール、甘いビール、エンマー小麦のビール、茶色のビール、ハチミツやその他いろいろなスパイスの入ったビール、ワインや濾過したビールを混ぜた強いビール。最後のふたつはとても高価だ。そして一種類しか置いていないこともおおいにありうる。つまり、その日造っているものを。古代のウルがクラフトエール好きのスノッブが集まる場所だったということもおおいにありうる。すべてのパブが、今日われわれが言うところのマイクロブルワリー〔小規模のビール醸造所。「地ビール」「クラフトビール」と呼ばれるものはここで造られていることが多い〕だった。それどころか、マクロブルワリーなんてものはなかった。ということは、もし酒場の主人に気に入られたら、麦芽の量はどれだけかとか、マセレーション〔ワイン造りの過程で、果皮や種を果汁に漬けこんでおくこと〕をどうするかとか、細かい話をいつまでも真剣に語り合うことになるだろう。エンマー小麦のビールを「パプシル運河の水みたいに泡立たせてくれ」と注文したりもするだろう。*

それから支払いだ。地元の人たちは、大麦に換算した勘定をツケにしてもらうだろう。ここは交換社会だ。家などの大きな買い物は銀で支払われることもあるだろうが、ビールは安価なものだ。ビール代を銀で支払おうとしたら顕微鏡が要る。だからわれわれ旅行者は、たぶん値切ったうえで、何か交換できるものを持っていないといけない。おそらくは道中で手に入れたスパイスなど。何でもいい。子ブタでもいい。子ブタの話にはまたあとで戻ろう。

さてテーブルに着くとビールが運ばれてきた。アマム〔amam〕という壺に入れられ、麦わらのストローが二本挿してある。ビールはストローで飲まないといけない。シュメールのビールは、われわれの時代の綺麗に透きとおった琥珀色の飲み物とは違うからだ。それは固形物がたくさん表面に浮かぶ、発泡性の大麦のかゆのようなものである。ストローがあれば表面をかき分け、美味しい液体を吸うことができる。シュメール人がこのようにしてビールを飲んでいる絵はたくさん残っているし、現在でも中央アジアの人々はそうやってヤシ酒を飲んでいる。

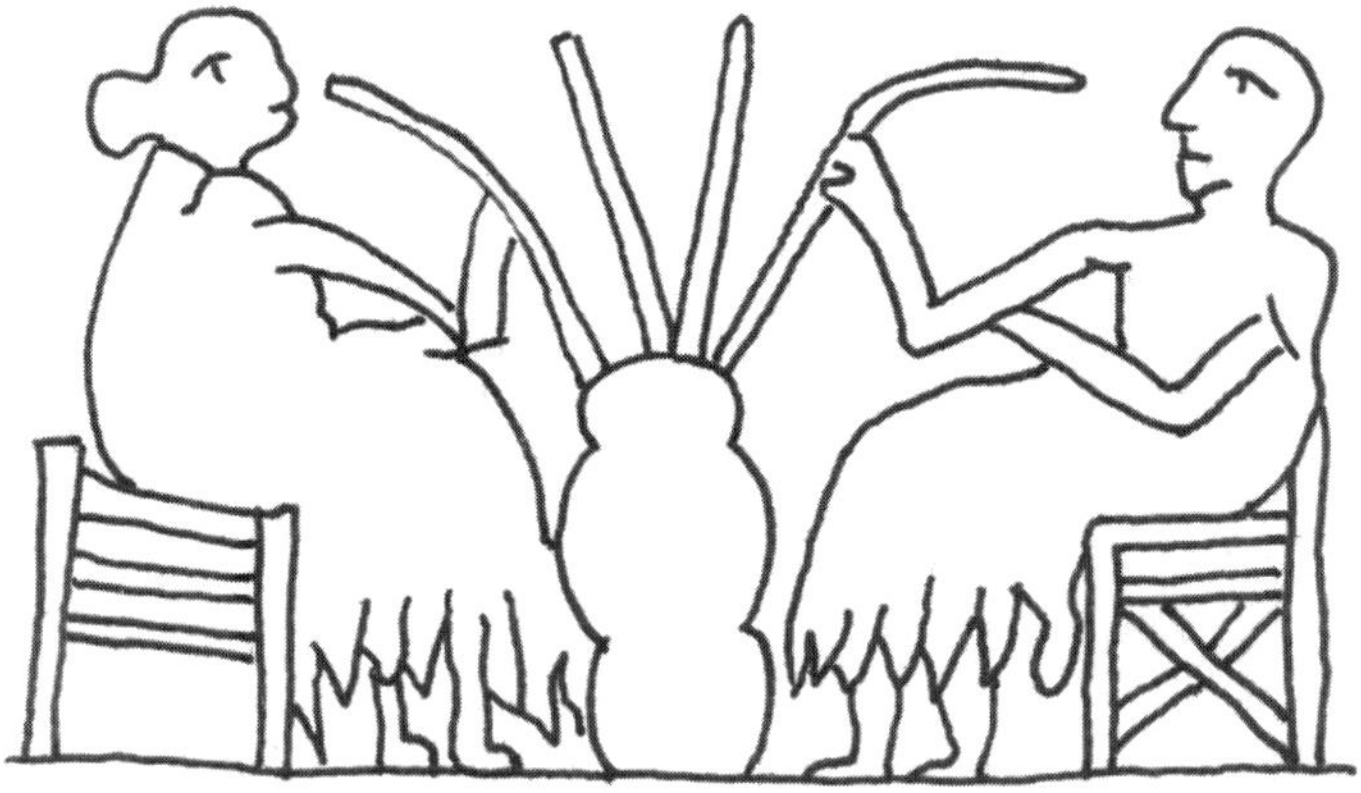

Sumerians drinking beer through straws to avoid the sediment. Detail from the cylinder seal of Queen Puabi of Ur, c. 2600 BC.

沈殿物を避けるためストローでビールを飲むシュメールの人々。ウルのプアビ女王の円筒印章に刻まれた装飾、紀元前 2600 年ごろ。

ビールが来た。ストローもある。さてどうする？　ええと、酒飲み競争が普通に行なわれていたらしい。神々の酒飲み競争への言及がいくつもあるから、人間もそうしていたと考えるのが自然だ。人々は酔っぱらうまで飲んだ。そのことに触れていることわざがある。「ビールを飲んでいるときに判断をすべきではない」と「人をあざむく人間のように自慢してはならない。自慢しなければ、あなたの言うことは信用される」である。何かが非難されるのは、その何かをみんなが行なっているからだ。社会の罪は慣習的行為に表われる。つまり、誰がいちばん酒が強いかを競争する際、人々は自慢し、あざむき、判断をしていたわけだ。

ビールはみんなで楽しく飲むものだった。隣のテーブルの謀略者たちと仲よくなることもあるだろう。ジョークも言うだろう。シュメール人はジョークが好きだった。ジョークのリストも作られた。そのなかのいくつかは今日でも笑えたり、笑えるかもしれなかったりする。「骨をかじっていたイヌが自分の肛門に言った。「痛くなるぞ！」」「太古の時以来一度もないこと――夫に抱かれている若い女がおならをしないこと」。

笑えるかな。

明らかにジョークだった言葉でいまも残っているもののなかには、もはや笑いどころがわからないものもある。「イヌが酒場に入ってきて言った。「何も見えない。これを開けるよ」」。これが可笑しかった理由は四〇〇〇年の霧のなかで消え失せてしまった。とはいえこれは、「動物がバーに入ってきた」パターンのジョークの、最古の例である。変わらないものもあるわけだ。

われわれは飲む。酔う。ジョークを言う。おそらくこのあたりで、酒場の戸口にいた娼婦の話に戻るべきだろう。売春がいいことだったとかそういうことでは決してない。これは明らかに、シュメールの飲酒文化の一部だったのだ。値段についてはほとんど知られていない。先ほど言及した性交の女神、イナンナを讃える歌のなかで、イナンナは自分の価格システムをこう説明している。

壁を背にして立っているときは一シケル。かがんでいるときは一シケル半。

ここからは値段のことはあまりわからないだろう。何と言ってもイナンナは女神なのだから、追加料金を請求できたかもしれない。けれども、ふかふかの羽毛のベッドでことに及べたわけではないことはわかる。セックスはもっぱら屋外で行なわれた。唯一現実的な人間の価格ガイドは法的文書に見られるもので、そこには、子ブタ一匹と交換でセックス一回と記録されている。子ブタ一匹はビール一杯と交換するには高すぎるから、客の目的が何なのかを早々に知ることができたろう。子ブタ連れの客は、酒だけが目当てではあるまい。

だが夜も深まってきた。みんな酔っぱらっているし、お酒の歌でそろそろお開きとしよう。ビールは楽しい。ビールは仲間を作る。ビールは歌を歌わせる。歌詞が残っているお酒の歌がひとつある。醸造に使われる謎の鍋たちのことがたくさん歌われ、ビールとセックスの女神たち——ニンカシとイナンナ——のことも多少出てくる。そんなに手を加えたわけではないが、ちょっとだけ歌詞をいじって、韻を踏むようにしてみた。以下は実際にシュメールで歌われた歌である。

＊　どうして運河が泡立つのかは知らないが。

旅行者も、謀略者も、酒場の女主人も、真珠のネックレスをした娼婦も、子ブタも、みんなが肩を組み、声を合わせて歌うところを想像してほしい。こんな歌詞だった*。

ガックルのおけ！
ガックルのおけ！
ガックルのおけ！
ラムサレのおけ！
ガックルのおけ、
これでみんなが
必ず幸せ！

ラムサレのおけ、
うれしいね。
でもウグルバルの壺、
これこそ最高！

シャッグブ〔šaggub〕の壺はビールでいっぱい。
アマムの壺でビールが到来。
おけや手おけ、深鍋、浅鍋

みんな綺麗にまとめて並べ。

神の御心がおそばにありますように。
われらの心はガックルのおけ。
これでみんなが幸せで
みんな楽しく歌い出す!

ビールを床にこぼしたら
ニンカシと永遠に楽しくやれる
みんな仲よく　ニンカシが
ビールとワインの素敵な音を立てる

おけは全部ビールでいっぱい
造った人も運ぶ人もみんないる。
ビールの湖でくるくる回れば
極上の気分がやって来る。

* 音楽学的には時代錯誤だが、この歌詞は、『ポストマン・パット』(一九八一年から二〇一七年までBBCなどで放送された、子ども向けパペットアニメーション番組)の主題歌のメロディにざっくり合わせて歌えると思う。

至福の気分でビールをごくごく
作りたてを飲んで気持ちは最高。
全身幸せが駆けめぐり
心は王様のガウンをまとう。

イナンナの心は再び幸せ。
イナンナの心は再び幸せ。
おお、ニンカシよ！

さてもう時間だ。静まりかえった通りを千鳥足で帰ろう。そしてわれわれは次のように考えて自分を慰める——何をやらかしていたとしても、子ブタを支払ったとしてもそうでないとしても、われわれのふるまいは、少なくとも古代エジプト人よりはずっとましだ。

4　古代エジプト

あなたが夜遅く酔って帰り、ベッドで横になったら、
わたしはあなたの足をさすってあげる。

エジプトの恋愛詩（エジプト新王国後期）

古代エジプト人は可笑しな人たちだった。宮殿よりも墓にお金を使った。世界ができたのは、自慰をしていた神の口のなかに、出たものが偶然入ってしまったからだと思っていた。そして、ビールが人類を救ったと考えていた。

神話によると、こういうことだ。人類がラーの悪口を言っていた。ラーというのは最高神だ（そしてさっきの段落に登場した神のことだ）。エジプト神話のなかで人類は、なんだかんだの理由で頻繁にこういうことをしており、しかもよい結果になったためしがない。堪忍袋の緒が切れたラーは、もはや人類を絶滅させねばと決心した。そこで女神ハトホルにその使命を与えた。ハトホルは獅子の頭を持っていて、気性はシーズー犬のようだ。彼女は喜び勇んで取りかかった。あ

っちで殺戮、こっちで殺戮。ラーは人類が気の毒になりはじめ、生かしておこうと決意した。だがハトホルはやめようとしない。すっかり血がたぎってしまっていたうえに、彼女は、やる価値のある仕事はやり遂げる価値もあるという考えの持ち主だった。

ラーはちょっと困ったことになった。そこでただちに七〇〇〇樽ぶんのビールを造り、赤く染めると、野原にぶちまけた。これを見たハトホルは人間の血だと思って飲みはじめた。じきに眠くなり、神々しい殺害行為のことは忘れて昼寝を始めた。というわけで人類はビールによって救われたのだった。

それからラーは、何か理由があって牝牛を作った〔ラーの孫にあたる女神ヌトが、牝牛に姿を変えて、このあとラーを天に連れ帰ったと伝えられている〕。

これらすべてが「酔っぱらい祭り」につながるのだが、その話にはすぐあとで戻ることにしよう。その前に、古代エジプト史の風変わりな点をいくつか指摘しておきたい。第一に、これはものすごく長い。エジプトは紀元前三〇〇〇年（またはその少し前）に統一されると、文明の土台となるふたつのものをただちに発明した。ヒエログリフとピラミッドだ。そうして地球上最も豊かで、最も強大な国家となった。二、三度の転落はあったものの、エジプトはその地位をその後二〇〇〇年保った。紀元前一〇〇〇年ごろやや衰退したが、まだ国は一〇〇〇年ちょっと続いた。というわけで、合わせるとかなりの長期になる。

クレオパトラはわれわれには大昔の人に見えるかもしれないが、彼女が死んだのはたった二〇〇〇年前のことだ。ギザの大ピラミッドが建てられたのは、彼女が生まれる二五〇〇年前である。われわれにとってのクレオパトラよりも、クレオパトラにとってのピラミッドのほうが、ずっと大昔なのだ。

そういうわけだから、古代エジプト人がどんなふうに酔っぱらっていたかを一般化するのは、ちょっとばかり難しい。最初の一〇〇〇年かそこらについてはほとんど証拠がない。酒を飲んでいたことはわかっている。大ピラミッド建造に参加していた労働者の賃金の一部はビールで支払われていた。紀元前三一五〇年ごろに亡くなったファラオであるスコルピオン一世が、輸入ワイン入りの壺三〇〇個とともに埋葬されていたから、当時それが飲まれていたこともわかっている。少なくとも富裕層は飲んでいた。

問題は、スコルピオン一世がどのようにワインを飲んでいたかがわからないことだ。ひとりで？　友人と？　がぶ飲み？　それともちびちび？　思うにピラミッド労働者は死ぬほどのどが渇いていただろう。サハラ砂漠で肉体労働をしたら、われわれもたいていそうなるはずだ。

なので、以下の記述のほとんどは、証拠が充分に残されている時代、すなわち紀元前一二〇〇年ごろ、新王国後期についてのものになる。

第二に、われわれは古代エジプトについての知識のほとんどを、富裕層の墓から得ている。詩などから得られる知識もあるが、詩は富裕層が富裕層のために書くものである。神殿の碑文から得られた知識もあるが、神殿は富裕層しか入れない。われわれはナイルのプロレタリアートについて、長生きしなかったこと、裸同然だったこと以外ほとんど何も知らない。裸という話から第三の点につながる。

低学年の子どもたちが古代エジプトについて習うとき、教師は決してセックスのことは教えない。これは極めてよいことである。ギリシアやローマの神話なら、ちょっといじれば、子どもを寝かしつける話にも使えるだろう。イシス〔古代エジプトの女神〕が兄の遺体に何をしたかは、そういう話にはできない。惰性で書いているポルノ作家も、聖なる書である『ホルスとセトの争い』を読んだら、かつての自作の若々しさを思ってすすり泣くだろう。したがって以下に記すのは、古代エジプト基準からするとかなり和らげたものである。それどころか古代エジプト基準だと可愛らしくさえある。

古代エジプト人にとって酒はセックスだった。さらに言えばセックスは酒だった。そしてどちらも音楽との相性は最高だった。こんな感じの愛の詩が書かれている。

彼女に踊りを、彼女に歌を、
彼女にあげよう、強い酒を、
巧みに惑わせ、今夜ものにしよう。
そうしたら彼女は言うだろう、「きつく抱いて。
朝日のなかで、もう一回しましょう」。

女性のほうが男性を酔わせることもあった。エジプトの女性はたくさん酒を飲むのが好きだった。泥酔することにかけては、古代エジプトは極めてモダンな男女平等を達成していた。新年の祝宴を描いた絵が残っている。そこでは女性と男性が別々のテーブルに分かれているが、女性も男性と同じくらいたくさんワインを飲んでいる。さらにこの絵には、彼らの会話を示すキャプションがついている。使用人頭が言う。「あなたの魂のために、酔うまで飲みなさい。お祝いです！　親戚の言うことを聞いて。座っているだけじゃ駄目ですよ」。

「ワインの壺を一八ちょうだい」と、お年寄りの女性が言う。「いつだって酔っぱらいたいの。からだのなかは藁《わら》みたいに乾いているわ」。

次の女性に使用人頭が言う。「飲んで！　ちびちびやってないで。わたしが横についていましょう」（これに限っては、婉曲語法ではない）。

すると第三の女性が突然しゃべり出す。「飲んで！　いらいらさせないで。わたしにカップを回してちょうだい」。

彼らが飲もうとしている量は驚くべきものだ。だがもう二点、ここで指摘しておきたい。彼らは明白に、酔っぱらうことだけを目的に飲んでいる。ここには和やかな要素も、社交の要素もない。彼らはべろんべろんになりたいのである。だから使用人頭は横についていようと言うのだ。エジプト人の酒の席には、仮に位の高い女性たちの酒席であっても、ナイル河に落っこちる人がいないか、自分の吐いたもので溺れる人がいないか、見張っている人間が必要なのである。

そして彼らは実によく嘔吐した。酒席を描いた別の絵には、給仕の女性に向かって楽しげに嘔吐する女性が描かれている。給仕の女性は彼女の頭をなでていて、しかもその手にあるワインのカップはまだ彼女に向けられている。これこそまっとうな、あるべき姿の酒盛りだった。エジプト人たちが酒を飲むのが毎日だったか、それとも祭りの日（彼らの呼び方によれば「幸せな日」）だけだったかはわからないが、いずれにせよ祭りの日はものすごくたくさんあった。

こうした光景は墓に描かれている。エジプト人たちは暴飲を誇りにしていたからだ。酔っぱらうことはまったく恥ではなかった。彼らは永遠に生きるために、酔っぱらった記憶を必要としていた。実際、これについて彼らはうるさかった。神官でさえ次のように書いている。

墓に眠る人々を追悼した、あの幸せな日のことは決して忘れたことがない。いつもよりずっとわたしはくつろいでいて、ミルラ〔香《こう》の一種〕で清められ、ワインとビールで酔いながら、「沼地の旅」をしたのだった。

「沼地の旅」とは、古代エジプトでセックスを意味する標準的な言い回しである。男性であれ女性であれ、セックスは酔っているときにするものだった。当時、クラティアンク〔Chratiankh〕という名のレディがいた。彼女についてわかっているのは、墓に誇らしげに刻まれた次の事柄だけである。

わたしは酔いの女主人、よき日を愛し、ミルラで清められハスの香を焚きしめ、毎日沼地をさまようことを楽しみにする者だった。

さらに彼女は、美しい女従者たちに音楽を奏でさせながら、夫とともに沼地を旅したものだと語る。さらに、どうやら女従者たちとも楽しんだようである。みなさん、これが古代エジプトなのです。

というわけで「酔っぱらい祭り」の話に戻ってきた。多少背景がわかっていただけたろうから、これからお話しすることにはそれほどびっくりされないだろう。

Detail from the tomb of Neferhotep c.1300 BC. The lady on the left is a servant holding a wine vessel. The lady on the right is drunk.

ネフェルヘテプの墓の細部、紀元前 1300 年ごろ。左の女性は従者で、ワインの壺を持っている。右の女性は酔っている。

「酔っぱらい祭り」は毎年（あるいは二年に一度かもしれない）女神ハトホル*と、人類を救ったビールの奇跡とを讃えて行なわれた。これはエジプトに肥沃さをもたらすナイル河の洪水の時期にあたり、また伝説によれば、ハトホルが遠い南から帰ってきた時期でもあった。祭りはハトホルの神殿で行なわれ、貴族や王族を含む、富裕なエジプト人がおおぜい参加した。かなりの壮観だったろう。

祭りは夕暮れ時から始まる。ハトホルを信仰する者たちが、ナイルの東岸に集まってくる。太陽が反対側の岸に沈んでいく。信者たちはいちばんいい服を着ている。女性たちは、ウアフ〔wah〕と呼ばれる、巨大なネックレスのような襟を着けていただろう。アイメイクをし、花冠も着けていた。誰もが香油の甘い香りをただよわせ、あたり一面、花がまき散らされて天国のような香りだった。

みな期待に胸を膨らませている。背後には神殿があり、女神の到着を待っている。神殿は、ある詩に書かれているとおり、「酔った女のごとく／［神の］棲まう場の外に座していて、／編んだ髪が美しい胸に垂れている。／リネンと薄布を身にまとっている」。

彼らは祭りの飾り船がナイルを下ってくるのを待っていた。ハトホルが帰ってくるのだ。飾り船が近づいてくると、女性たちは手にした太鼓を叩きはじめる。船が到着する。神官が船に乗りこみ、赤く染めたビールを満たした大きな杯を女神に捧げる。

これが実際にどういうことだったのかは、まったくはっきりしていない。ハトホルの出で立ちをした誰かが立っていたのかもしれないし、彫像が置いてあったのかもしれないし、別のものがあったのかもしれない。ポイントは、ハトホルがそのビールを飲み（または彫像にそのビールがかけられ）、その瞬間、群衆から大歓声がわき起こったことである。

太鼓の音が響き、ハトホルが船を下りる。その周囲には神官と踊り子が列を成している。踊り子たちは、ひじを直角に曲げた右腕を上げ、古くから伝わる飲酒の踊りを踊っている。女神は南から戻ってきたところで、踊り子たちは、どうやら動物の衣裳を着ていたらしい――ヒヒやサルの格好をして、女神が自然の支配者であることを表わしていたという。エキゾチックなヌビア人の服装をした者さえいたかもしれない。

群衆が道を開け、ハトホルは正門を抜けて神殿の前庭へと入っていく。ええと、いま道を開けたと言ったが、とはいえまだ群衆である。誰もが覗き見をしたがった。神殿の入口に配置された巨大な彫像によじ登り、門のてっぺんに座ったりして、中で行なわれていることを見ようとした。堅苦しい催しではなかった。ごちゃごちゃだった。何と言っても「酔っぱらい祭り」だったのだから。

神殿の前庭では儀式の第二段階が始まっている。ボールを叩くことだ。古代エジプトでも、これに限っては性的な意味はない。ボールは陶器製で、女神の敵たちの眼球を表わしていた。だからこれらは悪いものであり、位の高い信者が（ファラオがいる場合はファラオが）大きな棒でこれらを叩くことになっていた。どのように叩いたかは正確にはわからない。叩き割ったのかもしれ

＊ エジプトの神々のアイデンティティは奇妙に流動的だ。別の神になることもある。ムト－ハトホルがハトホル－アイ、ハトホル的な面を持つムト、セクメト、バステトになることもある。また、動物の頭部を持つこともできたので、ハトホルは怒ったとき獅子の頭になったし、牝牛や人間の頭にもなった。簡潔にするため、わたしはハトホルの名だけを使っている。

ないし、象徴的に軽く叩いただけかもしれない。だが、ボールの直径はおよそ一インチ、棒の長さは数フィートあったというのだから、わたしとしては、ゴルフの初期ヴァージョンのようなものを想像してしまう。

ボールを叩き終わるとファラオは家に帰り、ここからほんとうのお楽しみが始まる。大量のワインとビールが配られる。しかし食物はほぼない。先の事例と同じで、これはただひとつのことを目的として行なわれる飲酒だった――聖《ホーリー》なる酔っぱらいになること。そして聖《ホーリー》なる酔っぱらいになるためには、完全な酔っぱらいになる必要がある。

かがり火があかあかと照らす庭と広間で、ワインの大きな杯が次々と回される。人々は宗教的熱狂をもってぐいぐいと飲み干す。もうべろべろだ。神官が演壇に立って神聖な詩文を読み上げる。どうしてここにいるのかわからなくなっている人がいるといけないから、思い出させてあげようというわけだ。

そうとも、飲もう、食おう、この宴に！
再び楽しく、楽しくやろうではないか！
バステト*がわれらの足下に来られますように！
彼女のために、彼女の酔っぱらいの宴のために、酔おうではないか！

だが神官はまた、人々がやらねばならない別のことも思い出させる。

彼に飲ませよ、彼に食わせよ、彼に性交をさせよ。

次に何が起こるかを記述するにあたっては、もはや取りつくろう余地はない。全員が性交した。現代のわれわれの感性からすると呆然とするような事態だが、古代エジプト人は現代的でもなければ分別くさくもなかった。何しろ彼らは、イケイケな女神を愛し、崇拝する文化の人たちだった。全員香油で〔全身を〕清められ、星は消え、月は〔たぶん〕高く上り、しかも全員ひどく酔っていた。そのうえ神官がそうしろと言っているのだ。だから、そう、彼らは性交した、神殿の広間のど真ん中で。それどころかその広間は実際、「沼地の旅の広間」と呼ばれていたのだった。

奇妙に聞こえることだろうし、たぶんあなたはこう思っているだろう。「妊娠したらどうするんだ？」していた。祭りの酔っぱらいカオスのなかで、おそらくはまったく知らない誰かを父親として身ごもったとしても、何も悪いことではなかった。そうして生まれた子どもたちは尊ばれ、大人になると神官になることができたのみならず、自分の出生を自慢したものだった。ケンヘルケペシェフ〔Kenherkhepeshef〕という、たいへん発音しやすい名前の男が建てた自分の記念碑（エジプト人はよくこういうことをやった）には、次のように書かれている。

わたしはデル・エル・バハリ〔ナイル西岸にある、神殿や墓の多く立ち並ぶ場所〕のメニセト方面に面した門の横、前庭において、母の胎内に宿った。偉大なるアク〔死後の世界で再生を果

＊　基本的にはハトホルを意味する。前の脚注を参照のこと。

たした魂」の横で、神官の供物のパンを食した。女王の谷を散歩した。前庭で夜を過ごした。水を飲み、メネトの前庭に輝くものを見た。

また、ケンヘルケペシェフは母親の遺言のなかで最も優遇された子どもだったから、母親もまるで気にしていなかったとわかる。彼女にとって彼の懐妊のきっかけは、楽しい思い出ですらあったかもしれない。

乱交パーティーに関するもっと実際的な問題は、セックスと嘔吐をどう共存させていたかというものだ。相当みんな嘔吐していたはずである。というのも、何らかの理由で、嘔吐は宗教的に必要なことと考えられていたらしいからだ。*来た道をとおって飲み物が戻ることのできないような胃腸を誰かが持っていた場合に備え、念のためビールには、嘔吐を誘発する薬草が混ぜられていた。残念なことだ。夜が始まったばかりの段階で、何もかもがかぐわしい匂いになっていただろうから。

そして最後に女神の信者たちは、ひどく酔っぱらって嘔吐してセックスをしたあとに、誰もが行なうことを行なう。眠りに落ちるのだ。夜の最後の数時間、酔っぱらいの広間にはいびきと熟睡が広がる。奇跡が起きるのはそのときだ。

酔っていない人たちもなかにはいた。先に登場した使用人頭のように、正体のなくなってしまった人に手を貸すために待機している人たちである。いま静寂のなかで、彼らは最後の任務にかかる。神殿の脇にある祠堂には、ハトホルの巨大な彫像があった。彼らは扉を開け、何らかの方法で（歴史はこれについて語っていない）彫像を酔っぱらい広間へと移動させる。広間の中央にこれを据え、夜明けの最初の光が柱廊にさしこむと、彼らは太鼓を叩きはじめる。太鼓やタンバリン、シストラム〔ガラガラに似た楽器〕がやかましく鳴り響く。その目的は、まだ酔っぱらっているうちにみんなを起こすことだ。

同じような目に遭ったことのある人なら、ワイン漬けの眠りから乱暴に叩き起こされたときの、ぼうっとした感じと混乱が想像できるだろう。どこにいるかわからず、自分が誰であるか、または何者であるかもはっきりしない。そしてこの場合、目の前に女神がそびえ立っていて、東の太陽に照らされて輝いているのだ。

これこそが、この祭り全体が目指していた瞬間である。これは霊的覚醒の瞬間である。もうろうとした状態で、人々は女神を経験する。それはしらふで過ごす平日の午後には不可能なことである。

酔っているときには女神が見える、
壺の力を借りて。飲め、徹底的に。食え、徹底的に。飲め、食え、歌え。
酔っぱらえ。

そしてこの完璧なる霊的交感の瞬間には、女神について知りたかったどんなことでも訊くこと

＊　興味深いことに、酔って（便器に）吐くことを表わすオーストラリアの婉曲語法に、「偉大なる白い電話で神とお話しする」というものがある。ここでの文脈と重要な関係性のあることと考えたいが、たぶんそうではないだろう。

ができる——とはいえ、何が訊きたかったか忘れている人がほとんどだったろうけれど。

こうしたことすべてが、われわれには奇怪極まりないことに思える。西洋世界には、宗教的酩酊の伝統は存在しないからだ。しかし歴史上のさまざまな時代、地球上のさまざまな場所に、この風習は見られる。メキシコから太平洋の島々、古代中国に至るまで、酩酊神秘主義、酒瓶の底の神は、存在していたし、いまも存在している。わたし自身はと言えば、酒を飲んでいるとき突然先祖の霊が現われたら、控えめに言ってもびっくりするだろう（向こうのほうがうんざりして先祖の座を辞するのではないか）。酔うことに関し、現代のバーテンにとって最も理解しづらいのは、たぶんこのあたりの部分だ。

というわけで、アメリカの偉大な心理学者にして哲学者、およびヘンリー・ジェイムズの兄であるウィリアム・ジェイムズの言葉を、ここで全文引用するのがよさそうである。宗教的神秘主義についての文章のなかで、彼はわれわれ世俗の馬鹿者どもが忘れがちな、しかし助けがあれば思い出すかもしれない、酔いの果たす大きな役割を、かなり手際よく分析している。

人類に対するアルコールの支配力は、疑いなく、人間の神秘的能力を刺激する力から来ている。その能力は、冷徹な事実としらふのときの乾いた批判によって通常砕かれてしまうものだ。しらふであることは、縮小し、区別し、ノーと言う。酔いは拡大し、統合し、イエスと言う。これは実際、人間のなかにある「イエス」機能を、極めて強く刺激するのだ。これは、これを信奉する者を、冷たい周縁から灼熱の核へと連れていく。彼を一瞬、真理と合体させる。人が酔いを求めるのは、単なる倒錯からではない。貧しい者、無学の者にとって、これは交響曲のコンサートや文学の位置を占めている。そして、素晴らしいものだとわれわれがただちに認識するものを、われわれの多くが、ほろ酔い程度にたしなむことしか許されず、たっぷり飲んだら人を堕落させる毒になってしまうことは、人生の深層にある神秘と悲劇の一部である。酩酊時の意識は神秘的意識の一片なのであり、酩酊時の意識についてのわれわれの総合的見解は、より大きな全体についてのわれわれの見解のなかに位置づけられる必要がある。

古代エジプト人の言葉を借りて言い換えるなら、こうだ。

あなたの魂のために！　飲みなさい、完全に酔いなさい。

5　ギリシアの饗宴《シュンポシオン》

思うにワインには思慮がある、
食事で水を飲むのは馬鹿である。
アテネのアンフィス（紀元前四世紀ごろ）
〔アテネの喜劇詩人〕

古代ギリシア人はビールを飲まず、ワインを飲んでいた。しかしワイン1に対し、水2か3の割合で薄めていたので、ほぼビールと同じ強さだった。これがギリシア人の面白いところだ。彼らは何でもかんでも複雑にせずにいられない。さらに、これゆえに彼らはお気に入りの趣味に耽溺できたのだ。ギリシア人は何よりも、哲学よりも男色よりも、飲酒よりも彫刻よりも、外国人を見下すのが好きだった。

ペルシア人はビールを飲んでいる。だから野蛮人である。トラキア人はワインを薄めずに飲んでいる。だから野蛮人である。ギリシア人だけが正しいことをしている――ギリシア人の言うことによれば。

わざわざギリシア人以外に生まれるなんてと、ギリシア人が好んで異邦人をあざけることからすると、彼らのワインの神であるディオニュソスが、通常異邦人だと言われていることにはちょっと驚かされる。ディオニュソスは、エチオピアかアラビア、またはインドにあるとも言われるニューサ山で育ち、エキゾチックな動物や踊る人間たち、ケンタウロスなどの伝説の生物たちを連れ、ギリシアへと移動した。

（実際、ギリシアのワインの神とエジプトのビールの女神の両者ともが、踊る人間の集団、動物や精霊を連れて、エキゾチックな南方からやって来たと言われているのは興味深い。けれどもたぶんただの偶然なのだろう）。

それでもディオニュソスはギリシアの神である。彼の存在は早くも紀元前一二〇〇年には言及されていて、その後『イーリアス』に突如現われる。だからアテネが第一級の都市になり、われわれが古代ギリシアとしてイメージする事柄のほとんどが実際に起こった時代である紀元前五世紀には、ディオニュソス登場からすでに七〇〇年が経っていたわけだ。

ディオニュソスにまつわる神話は、だいたいふたつのカテゴリーに分けられる。

（1）彼を認めず、神だと思うことすらない者たちの物語。その人々は海賊から王女までさまざまだが、たどる運命はほぼ同じだ。ディオニュソスが罰として、彼らを動物に変えてしまうのである。物語の教訓は明らかだ。ワインを飲んでいるときは、何か力のあるもの、神につながるものを飲んでいるのだと心せよ。これは普通の飲み物ではない。神聖なものだ。さらにアルコールは、気をつけないと、あなたのなかにひそむ獣を引きずり出すだろう。

ディオニュソスはいつも動物と結びつけられている。彼はライオンとトラが引く車に乗っている。半分人間で半分ウマであるケンタウロスや、半分人間で半分ヤギであるサテュロスとつるんでいる。シレノスという名の人間の友だちもいたが、彼もまたウマの耳と尾を持つ姿でしばしば描かれる。実際、彼の友人で完全に人間だったのは、マイナデスだけだ。

マイナデスとは、ディオニュソスを信奉する女性たちのことである〔「マイナデス」は複数形。単数形は「マイナス」〕。その信奉は、ほとんど衣服を身に着けずに、泥酔して山に行くというかたちを取って行なわれた。彼女たちは山に行くと、踊り、髪を下ろし、動物たちを引き裂いた。ホラー版アルカディア女子会といったところか。

マイナデスがほんとうに実在したのか、それともアマゾネスのような、古代ギリシアの男たちの性的ファンタジーだったのかは誰にもわからない。ギリシアの女性は神話のなかでは楽しく過ごしていたが、現実ではたいてい家にとどまらねばならず、そして明らかに踏みつけられていた。もちろん女神官もたまには現われたかもしれない。二世紀に刻まれた墓碑銘に次のようなものがある。

街のバッカエ「マイナデス」は言う。「さようなら、女神官様」。すぐれた女性だけがこれに値する。彼女はあなたがたを山へ連れていき、聖なる物や道具を全部運んで、街全体を見下ろす山頂で、ことを執り行なう。

だが例はこのひとつだけだ。しかもたぶんがっかりするような儀式だったろう。マイナデスはどうやらいなそうだ。純粋に実際的なレベルで言っても、そんな大量の酒をどうやって山上へ運べるのか？

とはいえマイナデスは、第二のタイプのディオニュソス神話において、極めて重要な役割を担っている。

（２）ディオニュソスは禁酒主義者を嫌った。ワインの神だから当然とも言えるが、しかしディオニュソスはディオニュソスであったから、禁酒主義者を冷酷に殺した。最も有名な例はエウリピデスの書いた戯曲にある。王がディオニュソス信仰を禁じようとした。そこでディオニュソスはマイナデスに、王のことをライオンだと思いこませた。マイナデスは王を八つ裂きにしてしまった（その集団のリーダーは王の母親だった）。また、オルフェウスが登場する話もある。オルフェウスは自然のなかをさまよっていた。妻が死に、思う存分泣きたいと思っていた。運悪く彼はマイナデスと出くわしてしまう。マイナデスは全員酔っぱらっていて、オルフェウスに仲間に入るよう言った。オルフェウスが丁重に断わると、彼女たちはオルフェウスのことも八つ裂きにしてしまった。

こんな感じの話がほかにもたくさんあって、みんな同じ終わり方をする。教訓は明らかだ。飲酒は危険なことであり、あなたを野生の獣に変えてしまうかもしれないと心せよ。しかしなお飲酒せよ。パーティーに招かれたら断わるな。何をしてもよいが、飲酒の禁止だけはするな。

というわけでギリシア神話と飲酒は、愉快だが油断のならない関係にあった。シュメール人は飲酒を、みんなで純粋に楽しむものと見なしていた。エジプト人にとってはエクストリーム・スポーツだった。ギリシア人はというと、一歩下がってあごヒゲをなで、考えにふけるのである。彼らは理論を編み出し、戦略を駆使した。意地の悪い連中だったスパルタ人は、子どもたちの面前で奴隷に無理矢理酒を飲ませ、奴隷がものを考えないように仕向けた。アテネ人はそれよりは少しばかり加虐趣味が少なかったから、人はどこまで酔うべきか、酔った場合にはどうふるまうべきかを哲学することにしたのだった。

プラトンは極めて具体的に、酒を飲むのはジムに行くようなものだと言っている。最初は上手く行かず、苦痛で終わる。だが練習すれば完璧になる。たくさん飲んでも自分を保てるなら、理想的人間である。人と一緒にいるときにそれをできれば、自分が理想的人間であることを世界に証明したことになる。酒の影響下にあるときでさえ、自制心という偉大な徳を披露しているわけだから。

自制心とは勇敢さのようなものだとプラトンは言う。人が勇敢さを披露できるのは、危機にあるときだけである。人が自制心を披露できるのは、ワインをたらふく飲んだときだけである。勇敢さは学習可能だ。毎日を戦いに費やせば、勇敢になるよう自分を鍛えられる。毎晩を飲酒に費やせば、より高レベルの自制心が持てるよう自分を鍛えることができる。

第一には人格を試すこと、第二には人格を鍛えること。これらの目的に、ワインを盛大に用いる――もちろん注意を払って用いた場合であるが――こと以上に、適した方法がほかにあるだろうか。これ以上に安上がりで、悪意のない方法があるだろうか。

基本的にプラトンは、酔っている人物が信用できる人物だった場合、その人物はどんな局面でも信用できると考えた。さらに、飲酒というテストには実質マイナス面がない。商取引に入ってから相手が不誠実だとわかった場合、あなたは金銭的損失をこうむる。だが、一緒に飲んで相手の真の人柄を知ることには、何のリスクもない。

これらすべての論理的帰結として、禁酒主義者は信用できないということになる。

だから古代ギリシアにおいて酩酊は、奇妙であり、かつ入り組んだ事柄だった。酒は飲まねばならない。酔っぱらわねばならない。だが自分が何をやっているかがわかっていなければならない。酩酊時においても徳を披露し、荒れ狂うワインの海に悠然と船を走らせねばならない。そして、それを行なう場として饗宴《シュンポシオン》はあった。

饗宴《シュンポシオン》

あなたが古代ギリシアのアテネに住むレディで、酔っぱらいたいと思っているとしよう。残念、できません。女性は饗宴《シュンポシオン》に入れなかった。いや、もっと正確に言えば、女性は入れたかもしれないがレディは無理だった。饗宴は、アンドロンと呼ばれる私室で開かれていたのだが、アンドロンとは文字どおりには「男子部屋」という意味である。そこにいる女性は奴隷だけだった。横笛奏者だったり、踊り子だったり、娼婦だったりした。それら三つを全部合わせた人であることもあったろう。だが彼女はあまり酒は飲まなかった。彼女は、どんなふうに見えたとしても、彼女自身が娯楽だった。

だから集まっていたのは男たちであり、彼らは誰かの私室に集まったのだった。バーではない。

標準的な饗宴には一ダースほどの男が集まる。大きいものだと三〇名も集まるが、それは例外だ。まず夕食を摂る。簡素な食事であり、かなり素早く、かなり静かに食べ終わる。食事は重要ではない――ワインを吸い取るために出されるだけだ。アテネ人は優先事項の判断を間違えない。

夕食が終わるとアンドロンへ移動する。それは家の真ん中にある円形の部屋で、宴が終わったあと奴隷が掃除しやすいよう、石の床が周縁から中心に向かってわずかに傾斜している。壁面にはたいてい、飲酒をテーマにした絵が描かれていた。たぶんマイナデスがちらほらと。あるいは邪悪な禁酒主義者が八つ裂きにされる場面。

部屋をぐるりと取り囲むように、クッションを置いた長椅子が並んでいる。長椅子は通常二人掛けだったから、たぶん六脚から一二脚ぐらい置かれていただろう。男たちは枕に片腕を載せ、長椅子に横になる。けれども、若い男は横になることを許されていなかった。まっすぐ座ったまま飲まねばならなかった。いつになったら大人として横になるのが許されるかはまちまちである。マケドニアでは、イノシシを殺したら横になっていいことになっていた。

それからおそらく、シュンポシアルクを選ぶ必要があったろう。その晩の宴のリーダーである。これはほぼ必ず宴の主催者が務めたが、何らかの理由でそうできない場合は、くじを引いたりサイコロを振ったりして決められた。シュンポシアルクの最初の仕事は、ワインを選ぶことだ。通常彼自身の私的財産から選ばれた。アテネの紳士のほとんどは、ブドウ畑を所有していたのである。実際、アテネの階級システムは、ブドウ畑の広さを基準として築かれていた。最下層は七エーカー以下、最上層は二五エーカー超だった。

夏であればワインは、井戸の水につけたり、埋めたり、うんと上流の人であれば異国から取り寄せた雪と藁《わら》で覆ったりして冷やされた。うんと上流の人であれば、ワイン自体も取り寄せたかもしれない。レスボス島産のとてもいいワインがあった。

というわけでワインが、クラテルと呼ばれる大きなかめに入れられ、ふたりの奴隷によって運ばれてくる。それからその奴隷は、水でいっぱいのヒュドリア〔壺の一種〕をつかみ、ワイン1に対して水3の割合になるようクラテルに水を注ぎこむ。この薄められたものが水差しに入れられる。この水差しを用いて、両手つきの浅い杯にワインが注がれる。これでようやくワインにありつけるわけだ。

でもまだ飲めない。まず第一に献杯が必要だった。完璧に最高のワインを、神々を讃えて床に注ぐのである。アテネでは、饗宴の初めに献杯が三度あった。一度目はすべての神々に、二度目は戦死した英雄たち——先祖にその人々がいればなおさら——に、三度目は神々の王であるゼウスに。そのたびごとにシュンポシアルクが祈りの言葉を唱えた。花や香料も回されただろうから、献杯が全部終わるころには、みんな飲みたくてうずうずしていたに違いない。

アテネの飲み方とわれわれの飲み方の最大の違いは、アテネ人が計画的だったことである。現代の西洋世界のパーティーで酔っぱらうのは、誤って飲みすぎてのことだ。偶然酔っぱらう者は饗宴にはいない。饗宴では、計画的に、方法論的に、公的に酔っぱらう。一杯ぶんのワインが全員に与えられる。お代わりが来る前に必ず飲み干さねばならない。それができないのは、男らしくなく、不作法なことだ。シュンポシアルクが飲めと言ったら飲むのである。

だからといって、全員が暴飲するようシュンポシアルクが望むとは限らない。彼は責任者であり、その夜をスローペースの穏やかな会にするか、羽目を外したどんちゃん騒ぎにするかは、彼の考え次第だった。重要なのは、決めるのは彼であり、客たちではなかったということである。ちなみに、歴史上最も有名な饗宴が、本来の意味での饗宴ではなかったのはそのためである。プラトンの『饗宴』で語られる饗宴は、前日の酒のせいで二日酔いだと主催者がぼやくところから始まる。

献杯が捧げられ、神を讃える歌が歌われ、いつもの儀式があってから、彼らは酒を飲みはじめようとした。そのときパウサニアスが言った。さて友よ、自分への害を最小限にとどめながら酒を飲むにはどうしたらいいか。昨日の酒がまだひどく残っていて、回復の時間が必要なのだ。

そこで極めて例外的な決断が導かれる。

この日は飲酒を決まりにせず、おのおのが飲みたいだけ飲むことにしょうとの合意に至った。これはアテネの人々にはかなり衝撃的なことだったろう。だからこそプラトンはこれを書き残さねばならない。飲酒を「自発的」なものにすること。極めて非文明的だ。しかも女性の横笛奏者も置かないことにしている。

さて会話が始まる。だがわれわれが想像するようなやり方ではない。どれだけ飲むかを自分で決められなかったのと同様、客たちは何を話すかも、それどころか話していいかどうかも決められなかった。シュンポシアルクがテーマを決め、それについての意見を客たちは順番に述べていった。プラトンの『饗宴』の場合、テーマは愛である。クセノフォンも類似の話を書いていて、そこでのテーマは「あなたは何を誇りにしているか」だった。だがどちらの場合も、客たちはそれぞれ、長く詳細な回答をすることになっていた。

「下品なジョークを言う」がテーマだったりする低俗な饗宴も間違いなくあったに違いないが、形式は同じだったようである。われわれが飲み会から連想するような自由な会話の流れは存在せず、黙っていることも許されなかった。クセノフォンの話のなかには、それを試みた客がひとり登場するが、ソクラテスはその客に激怒した。もちろん、夜が更けるにつれ形式性は弱まっていったろうが、やはりわれわれの眼には、厳密なルールのあるゲームのように、奇妙なくらい形式性の強いものとして映る。

実際、アテネ人は饗宴でほんとうにゲームをしていた。コッタボスと呼ばれるゲームがそれだ。杯に残ったワイン数滴を、何かの的に向かってぴしっとぶつけるというものである。特製の青銅の的が運びこまれ、みんなでそれにぶつけることもあった。水の入ったおけに浮かべた鉢を的にして、これを沈めようとする場合もあった。人間が的になることもあった。どれも部屋が汚れそうだ。老人たちは愚痴をこぼし、もっと建設的なことを若者はやるべきだと言ったものである。

だが、シュンポシアルクがコッタボスをやりたいと言ったら、みんなやらねばならない。この独裁がどれだけ続いたかは不明である。ワインはリーダーを好まないし、酩酊は民主主義へと向かうものだ。どこかの時点で、アルコールが規律に打ち勝っただろう。クラテルひとつぶんが飲み干されたら、また別のクラテルが運びこまれ、しまいには必然的にカオスになる。エウブロスという劇作家はこれについて次のように書いている。

分別のある人間にはクラテル三つぶんしか用意しない。ひとつめは健康のため（最初に飲む）、ふたつめは愛と喜びのため、三つめは眠りのために飲む。三つめを飲み干したら、賢明な男は家に帰る。

四つめのクラテルはもはやわたしのものではない――悪い行ないのものだ。五つめは怒鳴り声のため、六つめは不作法と侮辱のため、七つめは喧嘩のため、八つめは家具を壊すため、九つめは気分の落ちこみのため、一〇個めは正体をなくすことと狂気のためである。

狂気とはずいぶん強烈な言葉だが、ギリシア人は実際、アルコールを大量に摂取すると気が狂うと信じていた。そして、そう信じていたということは、ほんとうにそういうことがあったのかもしれない。タウロメニウムのティマイオスと呼ばれる歴史家が、それにまつわる話を残している。われわれには非常に奇妙に思える話だが、ギリシア人にとっては説得力を持つものだった。

アクラガス〔シチリア島にある古代ギリシアの植民都市で、現在のアグリジェント〕に「トリレメ〔三段櫂船〕」と呼ばれる家があった。その名の由来は以下のとおりである。――この家で飲んでいた数人の若者たちが、ワインで興奮して気が狂い、自分たちは三段櫂船に乗っていて、荒れ狂う海上で揺さぶられているのだと思いこんだ。完全に分別を失って、ソファや椅子やベッドなど全部の家具を、まるで海へ投げこむかのように、窓の外へと投げ捨てた。嵐のなかで船を軽くするために、船長がそう命じたのだと彼らは思っていた。群衆が家の周りに集まり、投げ捨てられたものを略奪しはじめたが、若者たちの狂気はおさまらなかった。翌日将軍たちがこの家にやって来ると、若者たちは船酔いだと言ってまだ横になっていた。治安判事に尋問された若者たちは、嵐のせいでたいへん危険だったので、船を軽くするため、余分な荷を海に捨てざるをえなかったのだと答えた。治安判事が若者たちの取り乱しぶりに驚いていると、他の若者よりも年長に見えるひとりが言った。「おお、トリトンの一族よ、わたしはあまりに恐ろしかったので、長椅子の下にもぐりこみ、見つからないようできるだけ身を低くしていたのです」。治安判事は彼らの愚行を赦し、今後ワインを飲みすぎないよう警告して、叱責だけ与えて解放した。すると若者たちは感謝の気持ちをこめてこう言った。「この嵐をしのいで無事帰港できたら、ふさわしい時機に現われてくださった方々として、われわれを救ってくださったあなたがたの彫像を、海の神々の彫像とともに、われわれの国の目立つ場所に建てましょう」。以上の事情から、この家はトリレメと呼ばれたのだった。

すべての饗宴がこのように終わるわけではないが、もしあなたが、アルコールは人を狂わせるのだと思うなら、確かに狂わせるのだろう。アルコールは人に幻覚を見させるのだと思うなら、確かに幻覚を見させるのだろう。

別の終わり方だってありうる。おとなしく家に帰ることもあるだろうし、長椅子で酔っぱらうことの最大の利点は、その場ですぐ眠れることだと気づくこともあるだろう。「コモス」で終わることもある。大声で騒ぎながらみんなで道を走り、眠っている住民をわざと起こすことだ

〔「コモス」は日本語では「浮かれ行列」とも訳される。「コメディ」の語源のひとつだと言われている〕。クセノフォンの饗宴は、全員が上機嫌で馬車に乗って家に向かうところで終わる。プラトン版の終幕では、誰もが酔っぱらって横になっている。ただひとりソクラテスだけが完全にしらふである。

不思議なことに、すべての歴史家、すべての哲学者が、この点においては合意している――ソクラテスは大量に酒を飲んだが、決して酔わなかった。魂が非常に秩序立っていて、飲んだところで露わになるのは彼の合理性だけだったのかもしれない。あるいは、怪物的に有能な肝臓を持っていたのかもしれない。いずれにせよ、飲んでも酔わないという変な理由から賞賛される、多くの男たちの先駆けが彼であるように思われる。

よく考えてみればこれは、自慢するようなことではなく、喜ぶようなことですらない。LSDをやっても全然幻覚を見ないと、自慢している人を想像してみてほしい。あなたはたぶん困惑し、意識を変容させてくれるわけでもないのにどうしてLSDをやるのかと、丁寧にその人に尋ねるだろう。

だがアルコールの場合は違う。歴史上のあらゆる時代に、酒を飲んでも全然変わらないことを誇りに思う人物、それゆえにあがめられる人物、そのことを自慢する人物が存在する。彼らはなんと強いのかとわれわれは思う。われわれは彼らを尊敬し、あこがれ、意見に耳を傾ける。「じゃあ、なんでわざわざ飲むの?」とは、誰も訊こうとしない。

6　古代中国の飲酒

夢で酒を飲む者、朝にして泣く。
荘子（紀元前四世紀ごろ）

酒が初めて作られたのは紀元前二〇七〇年ごろ、中国の儀狄《ぎてき》によってである。彼はこの発明を中国最初の皇帝、禹《う》に献上した。禹はこれを飲んで気に入ったが、賢帝であった彼は、これが必ずや恐ろしい災厄を招くだろうと気づいた。それで禹は酒を禁じ、念のため儀狄を追放した。

残念ながら、この話はまったく事実ではない。中国古代史は伝説の塊で、裏づける証拠がほとんどないのだ。ちゃんとした文字が中国で発明されたのは、紀元前一二〇〇年ごろになってのことである。それ以前の時代については考古学に頼らねばならない。そして不思議なことに、現在知られている最古の酒、絶対にアルコールだと確信できる最古のものは、中国の賈湖《かこ》で発見された、およそ紀元前七〇〇〇年のものだった。

禹帝も儀狄も当時いなかったことはまず確実だろう。だがこの伝説は話題にするに値する。酒に対する古代中国の姿勢を教えてくれるからだ。その姿勢とは、ざっくり言えば、「かなりいいものだが、かなり危険でもある。たぶん非合法にすべきだろう」というものだ。

禹が始めた王朝の最後の皇帝は、桀《けつ》（推定紀元前一七二八—一六七五）という名の変人だった。桀は悪い皇帝だった。ひどい酒好きだったのだから。彼には奇妙な習慣があった。酒を飲みながら誰かの背中に乗って、ウマのように走らせたのである。風変わりな部分はたぶん誰にでもあるだろうが、桀の風変わりさは問題だった。彼は四六時中酒を飲んでいたのだから。そして彼の下にいることが、みんなつらくなってきた。たとえばある日、大臣の背に乗って楽しく酒を飲んでいたときのこと、疲れ果てた大臣が崩れ落ちてしまうと、桀は彼を処刑してしまった。

桀には末喜《ばっき》という寵姫がいて、この女性もアルコール依存だった。末喜は、酒で満たした池を作るという夢のようなことを思いついた。然るべく池が作られると大宴会が開かれ、末喜と桀はそこで舟遊びをし、裸の男女が周りを泳いだ。だが末喜はじきに飽きてしまい、池の酒を飲み干すよう三〇〇〇人の男たちに命じた。全員溺れ死んでしまったのを見て、彼女は哄笑したという。

その後天災が続けて起こり、商の天乙《てんいつ》という男が現われて、悪い王を倒して商王朝〔殷〕を建国した。商は、禹が興した夏《か》王朝よりも伝説の度合いはだいぶ低い。というのも、商は紀元前一〇四六年まで続いたからだ。だがなお信頼性の高い記録はあまりない。商王朝最後の皇帝は帝辛《ていしん》〔紂王〕といって、悪い皇帝だった。ひどい酒好きだったのだから。彼もまた池を掘って酒で満たしたことがあり（悪い妻に影響されてのこと）、宴会好きであり、等々、等々、……そしてついに善玉が現われて彼を倒したのだった。帝辛と桀の唯一大きな違いは、帝辛の池の真ん中には島があり、そこには人工の木が植えられていて、調理済みの肉が吊るされていたことだった。だから彼は舟遊びをしながら酒を飲み、ベーコンを取ってつまむことができた。これぞ進歩というものだ。
帝辛はたぶん実在したろうが、池はたぶんそうではない。重要なのは、中国の人が酒について、王朝を崩壊させかねないもの、国の秩序を乱しかねないものと考えていたことである。そして中国の人は王朝の秩序の維持を、とても、とても気にかけていた。

酒の池の話のなかにも、実際、一滴の真実が沈んでいるかもしれない。儀式に使われる青銅の酒杯の出土数は、商王朝の終焉とともに激減する。これは、続く王朝の人たちが、はるかにしらふだったことを意味している。発掘されたこれらの酒杯は、先祖を敬い、つながろうとする儀式で使われていた。詳細は曖昧である。おそらくは酒と食物を祭壇に並べ、大地に酒を注いでから、宗教的恍惚状態に至るまで酒を飲み、先祖の霊と交信したのだろうと思われる。先祖の霊も酔っぱらっていただろう。実際、「霊はみな酔った」という言葉をもって儀式は終わり、それから食事が始まったのだった。

紀元前一〇〇〇年紀初頭に書かれた『酒誥《しゅこう》』という文書がある。これが面白いのは、帝辛がまさに酒飲みであること、および、商王朝が倒れたのは誰もが酒を飲んでいたせいであることが書かれている点だ。

天毒して災いを降すというは、まさにこの意なり。民の徳を喪い、君の国を喪ぼすは、みな酒に由る。

『酒誥』は、儀式以外でのあらゆる飲酒を禁じ、次のように締めくくられている。

告げて曰く、群れ飲むと。（中略）ことごとく捕らえ、ここ、周へ送れ。其れを殺さん。

効果はなかったようである。古代中国ではとてつもなくたくさんの禁酒令が出ていた。これだけ何度も出たということは、効果がなかったからにほかならない。前の部分で触れたとおり、何かが禁止されるのは、その何かを人々がやっているからだ。だから、禁酒令がたくさんあるということは、酒飲みがたくさんいたということである。だが重要なことに、社会秩序および政治的安定と、アナーキーな酒とのあいだの絶対的対立は、解消されないままだった。

これに対する中国的解法は、基本的に儒学であった。孔子（紀元前五五一―四七九）が死んだのは戦国時代が始まる直前である。戦国時代というのは、中国史における文字どおりそういう時代のことだ。カオスがあり、流血があり、どうしたら人心が安らかになるのか、誰もが知りたがった。その方法は礼儀と規範であると孔子は考えた。基本的な考えは、目上の者に対して一日中頭を下げていれば、彼らが目上であるのが当然に思えてくるというものだ。同じことが社会のあらゆる場面に当てはまる。もしあなたが充分な礼節を備えていて、厳密に実施すれば、人々は従うだろう。彼らは外的世界の規範をすべて（近代的用語を用いて言えば）内面化し、結果として平和と富がもたらされる。孔子は座る前に必ず座布団の向きを正した。彼はこのことを重要だと考えていた。

だから、孔子が好きなだけ酒を飲む人だったというのはかなり驚きだ。しかしソクラテス同様、彼は決して酔わなかった。

［孔子は］適切に切られていない肉や、適切な味つけのされていない肉は食べなかった。大量に肉があったとしても、米の量に比して過分である量の肉は食べようとしなかった。彼が自分に制限を課さなかったのは酒だけであったが、酒で正気を失うことはなかった。市場で売られている酒と干し肉は摂らなかった。食事には必ず生姜を添えた。食べすぎることはなかった。

だが他の者たちには制限が課された。両親より先に飲んではいけなかった。秩序と自制が至上のものであった。そして孔子が代表する、より大きな運動において、酒のコントロールは極めて重要だった。ほぼ同じ時期に書かれた『楽記』という書物は次のように要約している。

だから古代の王たちは飲酒の儀式を開始した。一度の乾杯で、主人と客たちは何度も互いに挨拶せねばならない。だから人は一日中、酔うことなしに飲んでいられる。古代の人々はこうして飲酒による災厄を防いだのである。かくして酒と食事は、人々が喜びのうちに集まるための手段となったのだった。

儀礼で覆い隠してしまえ、そうすればあとは大丈夫。孔子がたやすくやってのけていることを、われわれもできるようになるだろう――酔わずに飲むことを。儀礼は現在も宴席マニュアルのなかに残っている。たとえば、どのように立ち上がって乾杯するかとか、どこに座るべきかとか、酒杯は左側に置いたまま動かしてはならないとか。当時のエチケットマニュアルはすごく長く、すごく細かいものであったろう。社会秩序の土台そのものと見なされていたのだから。

というわけで飲酒は、禁止されていなかったとしても、おおむね儀式のときだけに限られていた。祭式、葬儀、やたら決まりごとにうるさい宴席。ということは、酔っぱらいたければ方法は簡単だ。形式ばった場に現われて、何でもかんでも飲み干せばいい。のちの世に登場する孔子のライバル、思想家の荘子は次のように指摘している。「礼を以て酒を飲む者は、治に始まりて、常に乱に終わる」。

酒を飲みたいがために葬式のハシゴをする者たちがいるとの苦情が当時聞かれた。彼らはおそらく、うわべだけの涙をひとすじ死者のために流してから、思う存分飲んだのだろう。紀元前九世紀ごろの詩に、いかに正式なものであろうとも、宴は必ずめちゃめちゃになるという内容のものがあった。詩の前半では、宴が非常に上品に美しく、静かに高尚に始まるさまが歌われる。するとその後……

ここに既に酔う、威儀軽々し。
その座を捨て移り、しばしばふらつく。（中略）
客既に酔い、怒鳴り大声を出す。
膳を乱し、しばしば舞いてふらつく。
酔う者は、其のあやまちを知らず。
冠はずり落ち、からだは舞い放題。
酔うて帰る者は、祝福されるが
酔うても帰らぬ者は、是れ徳をそこなう。（中略）

飲酒して、酔う者と酔わない者がいる。
お目付役を立て、記録係の助けを得て、
この者は酔えばよからず、酔わざれば恥とす、
そのような者に従っての失敗などないようにさせねばならぬ。
言うべからざるを言うなかれ、由《よし》なくして語るなかれ。
酔いての言葉は、子どもじみたものになる。
三杯で無分別、いわんやそれ以上は。

伝説によれば、昔々のどこかの時代、五杯より多く酒を飲んだ者は処刑されたという。確実な話として、中国を統一した漢王朝の時代、四人以上の人間が「理由もなく」一緒に酒を飲むことは違法とされた。とはいえ、処刑されるのではなく罰金刑であり、そのうえ、ちゃんとした理由とはどういうものであるかをこの法は規定していない。いずれにせよ、これは上手く行かなかった。漢の時代、まったく仕事をしない曹参《そうしん》という大臣がいた。誰かがそれを諫めに来ると酒を勧める。礼儀上受けざるをえない。するともう一杯、さらにもう一杯と勧められる。そしてとうとう、何を言いに来たのか忘れてしまう。すると曹参は部下の役人たち（これまた全員酔っぱらっている）のところへ戻り、歌を歌ってやるのだった。
中国の飲酒には、まだもうひとつ興味深い点がある。中国の人々はワインとエールを区別していなかった。本章は一貫して「酒」とだけ書いてきたが、中国語の「酒」は、どちらも指すことができたのだ。これはつまり、古代中国の人が両者の区別をそれほど気にしなかったからに違い

ない。だから彼らは、古代ギリシアやローマの人々の対極にあると言える。

7　聖書

ノアはブドウの木を植えた。洪水後に初めて行なったことがそれだった。公正を期すために言えば、たぶん酒が欲しかったのだろう。けれどもその後、ちょっと奇妙なことが起きる。

彼はワインを飲んで酔い、天幕のなかで裸で横になった。カナンの父ハムは、父が裸であるのを見て、外にいるふたりの兄に知らせた。セムとヤペテは服を取って肩にかけ、後ろ向きに天幕に入ると、父の裸身に服をかけた。ふたりは父の裸を見ないよう、顔を背けていた。

酔いから覚めて、末の息子が自分に何をしたかを知ったノアは言った。

「カナンに呪いあれ！
彼は最も卑しい奴隷として
兄弟に仕えるであろう！」

この話はわれわれに重要な道徳的教訓を教えてくれる。酔っぱらって裸で眠りこけるのはまったく問題ないが、人に知らせるのは絶対駄目だ。慎ましく目をそらさなければいけない。あまりに変わった教訓なので、研究者たちは、何かが抜け落ちているのではないかとしばしば考えてきた。疑い深い学者のなかには、ハムは見る以上の何かを裸の父に対してしたのではないかと主張する者たちもいる。

このことは、次に聖書に登場する酔いの事例にも当てはまるだろう。数章後、ロトがふたりの娘と山に暮らしていたときのことだ。娘たちは、子をなしてくれるよい夫にめぐり会えないのではないかと恐れ、父が酔って前後不覚になるのを待ち、父と性交した（異例の解決策だ）。どちらのケースでも、正体をなくすほど酔った父に責任はないとされる。悪いのは子どもたちだけだ。

潔癖な人たちや口うるさい人たちにとっては永遠の悩みの種だが、旧約聖書は酔いに対してひどくゆるい。酒（必ずワインだ）は穀物や油、平和と同様、神がくださったよいもののひとつに過ぎない。資産家はみなワインを造るための圧搾機を持っている。人々は酒を飲む。酔っぱらう。子どもたちが行儀よくしているかぎり何の問題もない。もちろん、時々は飲みすぎに対する警告もある。最も厳しいのはおそらく『箴言』のそれだろう。

災いある者は誰か。
悲しみある者は誰か。
争い好きの者は誰か。
不平を言う者は誰か。
理由なく怪我をする者は誰か。

目の赤い者は誰か。
いつまでも酒にふける者、
混ぜ合わせた酒を求める者である。
杯に泡立ち、
杯をくるりとめぐると、
酒は最後にはヘビのようにかみ、
毒ヘビのように刺す。
あなたの目は奇妙なものを見、
心はよこしまなことを言うようになる。
そう、あなたは海の真ん中で横たわる者のように、
あるいは帆柱のてっぺんに横たわる者のようになって、
こう言うだろう。「わたしは叩かれたが、痛くなかった。
殴られたが、感じなかった。
いつわたしは覚めるのだろう、そうしたらまた酒を求めるのに」。

これは酔いについて書かれた、歴史上最も美しい記述のひとつだ。謎かけのように始まり、詩へと転じ、船の艤装の最中に眠ってしまう情景で終わる。ヘブライ人は決して船乗りの民ではなく、海はどこか恐ろしい場所だった。この一節は非常に美しいので、ずっとずっとのちにアンダルシアのユダヤ人は、これを、酒を飲みながら歌う歌にした。

数章後、『箴言』はまたこのテーマに戻る。

王のすることではない、レムエルよ、ワインを飲むのは
王のすることではない。王子もまた強い酒を求めてはならない。
酒を飲めば掟を忘れ、苦しむ者たちについての
裁きを誤るかもしれない。
強い酒は滅びようとする者に与えよ、
ワインは心の苦しむ者に与えよ。
飲ませよ、貧しさを忘れ、もはやみじめさを思い出すことのないように。

翻訳によっては、王子に禁じられた「強い酒」が「ビール」になっていることもあるが、たぶんこれは誤訳である。元のヘブライ語は「sheikhar」で、これはどうやらグラッパの一種か、並外れて強いワインを意味していたらしい。ヘブライ人はブドウ畑の国に住んでいたから、ビールが頭をよぎることはなかったろう。

それとは違って、ワインは単なる商品であり、現実そのものであり、苦しむ者の慰めであった。旧約聖書は二〇〇余りの箇所でワインに言及しているが、そのほとんどは中立的な書き方だ。あまり面白くはないが典型的なのは、『申命記』にある次の例だろう。

彼があなたの先祖に与えると誓った土地において、あなたの腹から生まれるものを、あなた

の土地から収穫されるもの――あなたの穀物、新しいワイン、オリーブ油――を、あなたの家畜から生まれる子牛や子羊を、彼は祝福するだろう。

ワインもまた、あなたの農場で作られるもののひとつである。だからといって、古代エルサレムで飲酒が問題ではなかったというわけではない。飲酒は直喩に使われることもよくあった。直喩を合わせると、酔っぱらいへブライ人の像が見えてくる。

彼らは酔っぱらいのようによろめき、ふらついた。（後略）（『詩篇』）
門のところに座る者たちがわたしを悪く言う。わたしは酔っぱらいたちの歌にされた。（『詩篇』）
主は彼らに、くらくらするような火酒を注がれた。彼らはエジプトがすべての行ないにおいてふらつくようにさせた。あたかも酔っぱらいが、自分の吐いたもののなかでふらつくかのように。（『イザヤ書』）
そのとき主は、眠りから覚めたかのように目覚めた。あたかも戦士が、ワインで前後不覚になっていた状態から目覚めたときのように。（『詩篇』）

ふらつき、歌い、吐き、眠る――あまりにおなじみだ。ハバクク（あまり知られていない預言者の名であり、聖書の一書の題名でもある）はもう少し変わった例を述べている。紀元前七世紀後半のエジプトの外交政策について、彼は、次のような人間の行動のごとくだと言った。

隣人に酒を飲ませ、
　酔っぱらうまで革袋からワインを注ぐ。
　隣人の裸を凝視するために！
あなたは栄光ではなく恥に満たされるだろう。
　あなたの番だ！　飲め、裸をさらすがよい！

これにはみなさんも戸惑うだろう。ヘブライ人の酔っぱらい方がわれわれと少し違っていたことを示すまた別の例が、『エレミヤの哀歌』（『哀歌』とも呼ばれる。預言者エレミヤの作とされることが多い）にある。ここで預言者はエルサレムの崩壊を悲しみ、「もう酒がない」ことを嘆く。

幼な子や乳飲み子が
　路上で弱っていく。
彼らは母親に言う、
「パンとワインはどこ？」
傷を負った者たちのように
　路上で弱っていきながら

少なくとも、ごく幼いときから酒を飲みはじめていたことがここからわかる。もっとも単なる詩的自由の例かもしれないが。

最後に、旧約聖書には酒場が登場しない。一軒もだ。酒を飲んでいたことは確かだから、路上で飲んでいたか、裸の隣人たちと一緒に家で飲んでいたかだろう。

酒を飲まないヘブライ人集団がひとつ存在した。ワインを飲むことと髪を切ることをみずからに禁じた敬虔なる民、ナジル人のことである。最も有名なナジル人はサムソンだが、新約聖書にも、少なくともひとりナジル人が登場する。

飲酒と原始キリスト教

新約聖書における飲酒は、三人の人物を中心に展開される。洗礼者ヨハネとイエス、聖パウロである。ヨハネは主の道をまっすぐにした〔『ヨハネによる福音書』一章二三節を踏まえている〕。イエスは世界に新しいヴィジョンをもたらした。パウロは経営と物流の責任者だった。わたしはいつもパウロを気の毒に思う。Dデイ〔ノルマンディ上陸作戦の日〕に兵糧部門にいたようなものではないか。ものすごく必要な任務だが、あまりヒーローっぽくはない。

洗礼者ヨハネは絶対禁酒主義者だった。ルカの福音書によると、ヨハネが生まれるより前に、母親が彼をナジル人にしたのだという。意地の悪いことだ。彼は確かにナジル人の特徴に当てはまる。荒野の真ん中で、酒場からも床屋からも遠く離れて生きていた。

変わり者の神学者がどう考えていようとも、イエスはナジル人ではない。イエスのキャリアは酒の降り注ぐなかで始まった。最初の奇蹟はカナの婚礼でのこと。ストーリーは単純だ。イエスの出席していた婚礼の宴で、安ワインがなくなった。そこでイエスが水をワインに変えた。およそ一二〇ガロンほどだ。ワインは美味だった。どこからこのワインが来たのか知らない料理長は、主催者〔花婿〕に賞賛の気持ちを伝えた。

誰でも最初はよいワインを出すものです。そしてみんなが酔ってきたところで、悪いワインを出すものです。けれどもあなたは、よいワインをいままで取っておかれた。

この一節をめぐっては論争がある。婚礼の宴の手順を正確に記したものだと言う学者もいれば、その反対だと言う学者もいる。*話全体がアレゴリーだと言う人もいる。なくなってしまった古いワインはユダヤ教の教えを、よりよく豊富な新しいワインはキリスト教を表わしているのだと。でも結局のところどうでもよい。われわれにとって重要なのは、原始キリスト教徒がワインを「よいもの」と考えていたこと、無条件によいものだと考えていたことだ。イエスが一二〇ガロンのワインを提供することは、讃えられるべき奇蹟だった。盛り上がるのをやめ、みんな早めに帰って休んでもよかったのではないかとは少しも暗示されない。これは重要だ。

ここで指摘しておくべきこととして、水をワインに変えるというのは、古代世界ではかなりよくある奇蹟だった。ディオニュソスはいつでもこれをやることになっていて、彼の神殿には、祭りのあいだじゅうワインの湧く奇蹟の泉があるという話が、いくつか残っている。実はそのうちひとつの事例については、どうやって実施されていたかわかっている。コリントスのディオニュソス神殿には、水路へと通じる秘密の通路があった。ずる賢い神官がこっそりこの通路をとおっていき、水の流れをせき止めて、代わりにワインを流したのである。なぜかと言えば、イエスは本物の神だったけれど、ディオニュソスは神のふりをしていただけだったからだ。これまた重要な点だろう。

イエスは第二のヨハネになるつもりはなかった。実際、『マタイによる福音書』一一章で、イエスは以下のように明確に宣言している。

「ヨハネが食べることも飲むこともせずにやって来ると、「悪魔が取り憑いている」と言われる。人の子が食べたり飲んだりしてやって来ると、「暴食家の酔っぱらい、徴税人や罪人の友」と言われる。だが智恵の正しさは、行ないによって証明されるのだ」。

というわけでイエスは、その生涯のあいだ、大酒飲みという評判だったようである。その評判に実際値したかどうかはわれわれの知るところではない。興味深いのは、彼が自己弁護しなければならなかったことだ。そしてこの自己弁護は、福音書に入れねばならないと思われるほど重要だった(『ルカによる福音書』にも登場する)。ということは原始キリスト教徒は、自分たちには弁解しなければいけないことがあると感じていたに違いない。

このことは、最後の晩餐とも無関係ではあるまい。原始キリスト教の主要儀式はみな、集まっ

＊ さらに悪いことに、宴の最後までずっと最高のワインが供されるものだった、だからこの一節は重要なのだとバルトマンとウィンディッシュは言う。サンダーズは反対し、この一節はただのジョークだと言う。バレットとリンダーズは賛成でも反対でもない。

ての飲食、すなわち聖餐式と関わるものだった。イエスはワインを飲み、弟子たちにも飲むよう命じた。この儀式は、西暦五〇年代、パウロがコリント人に手紙を書いていたころにはもう広まっていた。

同じようにして彼は杯を取り、ひと口すすって言った。この杯はわたしの血による新たな契約である。飲むたびに、わたしを記念して、これを行ないなさい。

だが問題があった。同じ章でパウロが記していることによると、人々は聖餐式で酔っぱらってしまうのだった。聖餐式は飲酒の場ではあるが酔っぱらう場ではないと、パウロは指摘せねばならなかった。コリント人にとってはショックだったろう。
探しはじめるとこの問題の実例は、原始キリスト教の時代に山ほど見つかる。気の毒な使徒たちは、新しい宗教の、ワインを飲めと命じるよい知らせ《グッド・ニュース》＝福音を説いて回った。人々は誤った印象を受けたようだった。『使徒言行録』は、ペンテコステ〔五旬節〕の場から始まる。聖霊が降臨し、信徒たちはさまざまな国の言葉でしゃべりはじめる。集まっていた者たちは、

互いに言った。「どういうことだろう」。けれども、一部の者たちはあざけってこう言った。「ワインを飲みすぎたのさ」。

気の毒なパウロは、立ち上がって説明せねばならない。

「ユダヤの同胞のみなさん、そしてエルサレムに住むすべてのかたがた、説明させてくださ
い。わたしの言うことをよく聴いてください。この人たちは、あなたがたが思われるように酔っぱらっているのではないのです。まだ朝の九時なのですよ！」

考えてみれば、原始キリスト教を叩くのに、飲酒は格好のネタだったはずだ。この風変わりな新セクトを酔っぱらいの集団、ユダヤ版ディオニュソス信者だと言って笑うのはたやすいことだったはずであり、異教徒がそうしなかったとしたら驚きだ。だからこそパウロは、聖書に登場する誰よりも多く手紙を書き、酔っぱらわないように、あるいは酔っぱらうことをやめるようにと伝えつづけたのだろう。パウロはキリスト教の評判を気にしていた。

お忘れなく、新約聖書は全面禁酒せよとは決して言っていない。その代わりに言われるのは、「もう水は飲まないで、胃のため、そしてしばしば虚弱になるのを防ぐため、少しばかりのワインを用いなさい」〔『テモテへの第一の手紙』〕だ。キリスト教が絶対禁酒主義になることはありえない。最後の晩餐がそうしたのだ。あのひと口のワインが、世界史を、世界経済を、はるか彼方の土地の飲酒習慣をも変えてしまったのだった。聖餐式にはワインが必要だから、キリスト教の広まるところどこへでも、信徒はブドウの木をたずさえて行った。だからヨークシャーでの布教はコツが必要だった。アイスランドは悪夢だった〔ブドウ栽培が困難だったため〕。

8　ローマの饗宴《コンウィウィウム》

共和制

古代ローマは、とても厳格な、しらふの場所だった。共和制最盛期（紀元前二〇〇年ぐらいのころの話）、ローマ人はみな短髪で綺麗にヒゲを剃った軍人タイプで、水が大好きだったから、永遠の都に永遠に水を供給すべく巨大な水道網を造ったのだった。ワインも飲んだが、そんなにたくさんではなかった。それから、リーベル（自由という意味だ）という名のワインの神もいたのだが、全然重要な神ではなかった。彼は小麦の女神ケレスの息子で、言論の自由と関わりがあったらしい。酔っぱらいは認められなかった。厳格に。酔っぱらいは、長髪でヒゲ面で自堕落なギリシア人と結びつけられていて、ローマ人は彼らと自分たちをとにかく区別したがっていた。

女性の飲酒となると、男性よりもさらに少なかった。『著名言行録』〔題名直訳は『記憶に値する行為と言葉』、ワレリウス・マキシムスの著作〕という一世紀の歴史書には、次のような教訓的な話が記録されている。

エグナチウス・メレルスは棍棒を手に取り、妻を殴り殺した。妻がワインを飲んだためである。誰ひとり彼を犯罪者として告発することもなければ、責めることすらもなかった。禁酒の掟を破った者を正当に処罰した、優れた実例であると誰もが考えたのだ。実際、過分にワインを用いようとする女はみな、徳への扉を閉ざし、悪徳への扉を開くのである。

伝えられるところによるとロムルス〔ローマの伝説的な建国者〕は、酒を飲んでいるところを見つかった女性は死罪に処すと定めたらしい。エグナチウスは面倒を省いたわけだ。女性は家族や親族にキスすることになっていたが、それは家族らが匂いをかいで、彼女が酒を飲んでいたかどうか判断するためだった。物事に対する古代ローマ人の態度は、次のことわざに集約される。「悪いものは三つある。夜、女、ワインである」。これらのことから、紀元前一八六年に起きたある奇妙な出来事が説明できるだろう。

あるギリシア人（たぶん自堕落なヒゲ男だろう）がディオニュソス（このころにはバッカスと呼ばれていた）信仰をイタリアにもたらした。もう少し詳しく言うと、彼はバッカスの秘儀をある一団の女性に伝えたのであり、彼女たちは、歌って踊って飲酒する新しい女性だけのカルトの女神官になって、夜中に集まったのだった。彼女たちはバッカスの信者たるバッカイ、実質的にマイナデスである。

これは完璧すぎて真偽を疑いたくなる話だ。ローマ人が不審に思うものすべてがある。夜、女性、ワイン、ヒゲ面のギリシア人。だがローマの権威筋はこの話を信じた。そしてたぶん何か̀が̀起こってはいたのだろう。ともかく、リウィウス〔ティトゥス・リウィウス（紀元前五九年ごろ―一七年）、『ローマ建国史』の著者）によると「あらゆる悪ふざけの源泉」として、完全に女性だけのものとして始まったのに、おそらくは乱痴気騒ぎを盛り上げようとしてだろう、女神官たちは男性を仲間に誘った。けれどもこれはギリシアのカルトであったから、「男と女のあいだでよりも、男と男のあいだで多くの不純行為が行なわれた」。というわけで、高潔なるローマ人が嫌うもののリストに、さらに男色を加えてもよいだろう。続いて彼らは、ありとあらゆる罪に手を染めた。

ワインにあおられ、男と女、うら若き者と年長の者とが夜中に集まっていることで熱くなった彼らは、慎みの感覚を完全に消し去り、あらゆる種類の淫蕩を始めた。誰もが快楽を得て、自分が抱いていた欲望を満たした。ことは男と女の乱交だけにはとどまらなかった。偽証、印章や契約の偽造、偽りの情報、すべての源は同じだった。家族内で毒を盛ったり殺したり、その遺体が見つからずに埋葬できないこともそうだった。

何だかかなり楽しそうだ。だが元老院はこれをいささかも好まなかった。単に道徳面でパニックが起きていただけだったのかもしれない。すべては元老院議員の想像のなかにしか存在しなかったのかもしれない。ごく小さなカルトだったのに、人数や不道徳さが実像とかけ離れて誇張されたのかもしれない。だが取り締まりは現実で、厳格かつ残酷なものだった。

カルト構成員の情報を提供した者には報酬が支払われた。七〇〇〇名が逮捕された。逃亡した者もいた。自殺した者もいた。大半は処刑された。ローマ人はほんとうに酔っぱらいが大嫌いだった。

その後帝国が手に入ると、すべてが変わった。

帝制

ローマ帝国とは実質的に、既知の世界のすべての富が、ひとつの都市に流れこむシステムだった。これによって作り出されたのは、おそらく世界史上最も豊かな都市だった。金銭は入り乱れ、大量の金銭とはすなわち大量の快楽だった。その結果待ち構えていたのが、誰もが学校で習ったとおり、退廃である。ローマの男たちは、水よりもワインを楽しむようになった。それから女たちにもワインを試すよう勧めた。そしてとうとうギリシアの本を読んで、わりといいものだと知った。それで男色もありだと考えるようになり、そこから先は猛烈な勢いで進んだ。一世紀のなかばになるころには、紀元前一八六年の厳格な元老院議員たちも墓に入っていただろうから。

ではどうすればお楽しみに参加できるのか？ ローマのお金には問題があった。確かに大量にあったのだが、それらはまず社会の最上部に到着し、それから順に下へと降りてくるのである。富とワインにあずかりたければ、まずパトロンを、たかる相手を見つけなければならない。まるで寄生虫のようだし、ある意味実際そうだったのだが、これはまったく公然のことだった。金のあるパトロンと、おべっか使いのたかり屋がいた。どうなっているのか誰もが知っていた。自尊心を売り払いさえすれば、よい食事とワインにありつける。システムの中心にあったのは、コンウィウィウム〔convivium〕と呼ばれる宴だった。

このシステムを好む人ばかりだったわけではない。ユウェナリス〔一世紀から二世紀に活躍したローマの風刺詩人〕は問うている。「食事は、そのためにきみが代価として受けた侮辱に値するだろうか。きみの空腹はそれほど耐えがたいものだろうか。いまいる場所で震え、イヌのパンの汚いかけらを噛んでいるほうが、誇り高くいられるのだとしても？」

ほとんどの人たちは「イエス」と答えた。

まずは招待状を手に入れねばならない。これは実際、それほど難しくはない。金持ちのローマ人の多くは、毎晩ディナーパーティーを開いていた。キッチンやダイニングルームはいつでも準備万端だった。そして実際、パーティーの開催を知らせる必要さえなかった。どのパトロンもレギュラーの顧客をおおぜい抱えていたが、まったく突然に新しい人を招くこともしばしばあった。友だちの友だちの友だちになっておきさえすればいい。あなたがそこそこ見苦しくなくて、いつでもお世辞を言える人間でさえあれば、街なかで招待を受けることもあるだろう。

ローマの一日の始まりは早い。夜明けには起きてベッドを出る。午後の三時か四時ごろまでには招待を受けているのが望ましい。その時間は公衆浴場へ行く標準的時間だ。もし受けていなかったとしても、公衆浴場は最後のチャンスをつかむのにうってつけの場所である。愛想のよい笑顔で、できればハンサムな顔でうろつき、重要人物だと思われる人を見つけ次第すかさず会話をもちかける。酒と食事に首尾よくありつけることになったら、公衆浴場は準備の場所としても最適だ。

ローマ人はコンウィウィウムに行く前、公衆浴場の発汗部屋に座って汗を流した。たくさん飲めるよう、脱水状態にしたのである。奇妙な習慣に聞こえるかもしれないが、現代のわれわれが食欲を出すために運動するのと変わりはない。大プリニウス〔ガイウス・プリニウス・セクンドゥス（二三―七九）、『博物誌』の著者〕によれば、コンウィウィウムすらどうでもいいという様子のローマ人もいた。

宴の場の長椅子にたどり着くのを待ちきれない者たちもいる。それどころか服を着るのすら待ちきれず、裸のまま、息を切らし、風呂を出るやいなや、いわば自分の力を見せびらかすためにワインの入った壺をつかみ、中身を全部飲み干してしまい、次の瞬間には全部吐いてしまうのだ。これを二度、さらには三度繰り返す。彼らはまるでワインを浪費するために生まれたかのようであり、人体をとおらなければワインを捨てることはできないかのようである。

嘔吐もまた、それほど変わったことではなかった。ローマには、食事の合間に吐く〔vomit〕ための、嘔吐室《ウォミトリウム》〔vomitorium〕と呼ばれる部屋があったという伝説もある。これは事実ではない。だがコンウィウィウムの前に吐くのはよくあることだった。それ専用の部屋はなかったけれど。

ローマのコンウィウィウムに行くことは、現代の酒飲みにとっては、極めて不快で居心地の悪い経験であろう。ギリシアのシュンポシオンは、平等な者たちが集う場所だった。シュンポシアルクはいるものの、彼は名目上のリーダーであり、結局はみな同じクラテルからワインを飲んだ。協力し合う男たち（そして男たちのみ）であった。ローマのコンウィウィウムはまったく友好的《コンヴィヴィアル》ではない。ローマのコンウィウィウムとは見せびらかしの場、誰がトップにいて誰が底辺にいるかをはっきりさせる場だった。楽しむための場ではない。自分の立ち位置を知り、自分より上にいる者たちを讃え、下にいる者たちをあざけるための場だった。

そのことは具体的には、座席、奴隷、ワインの質、ワインと食事の量、ワインを何に入れて提供するか、どこにそれが投げつけられるかを通じて行なわれた。順に見ていこう。

席

ダイニングルームには大きなテーブルがひとつ。四辺のうちの一辺は空けられている。そこには奴隷たちが次から次へと、へりまでなみなみと料理の載った大皿を持ってきて、空いた皿を下げていく。残りの三辺には長椅子が置かれ、それぞれの長椅子には、人が三人ずつ横になっている。ローマ人は横になって飲み食いするのが好きだった。奴隷の位置から見て左側の長椅子には、主宰者である主人とその家族が横たわっている。いちばん奥が主人だ。正面の長椅子には重要な客たちが横たわり、そのいちばん左、角《かど》をはさんで主人と隣り合っているのが主賓である。最高の食事、最高のワインが、この一角のためにとっておかれる。

右側の長椅子にいるのは下位の客たちで、奴隷から見て最も近い位置にいるのが最下位の客だ。主人と友人のいる角《かど》の対角にあたるこの一角は、明らかに劣った客のための劣った食事と劣ったワインで占められることになる。

もしあなたにこの席が与えられたとしたら、あなたはあまり歓迎されていない。敬われていないことは言うまでもない。おまえにはガレー船を漕ぐ奴隷に対するほどの興味も持ってはいない

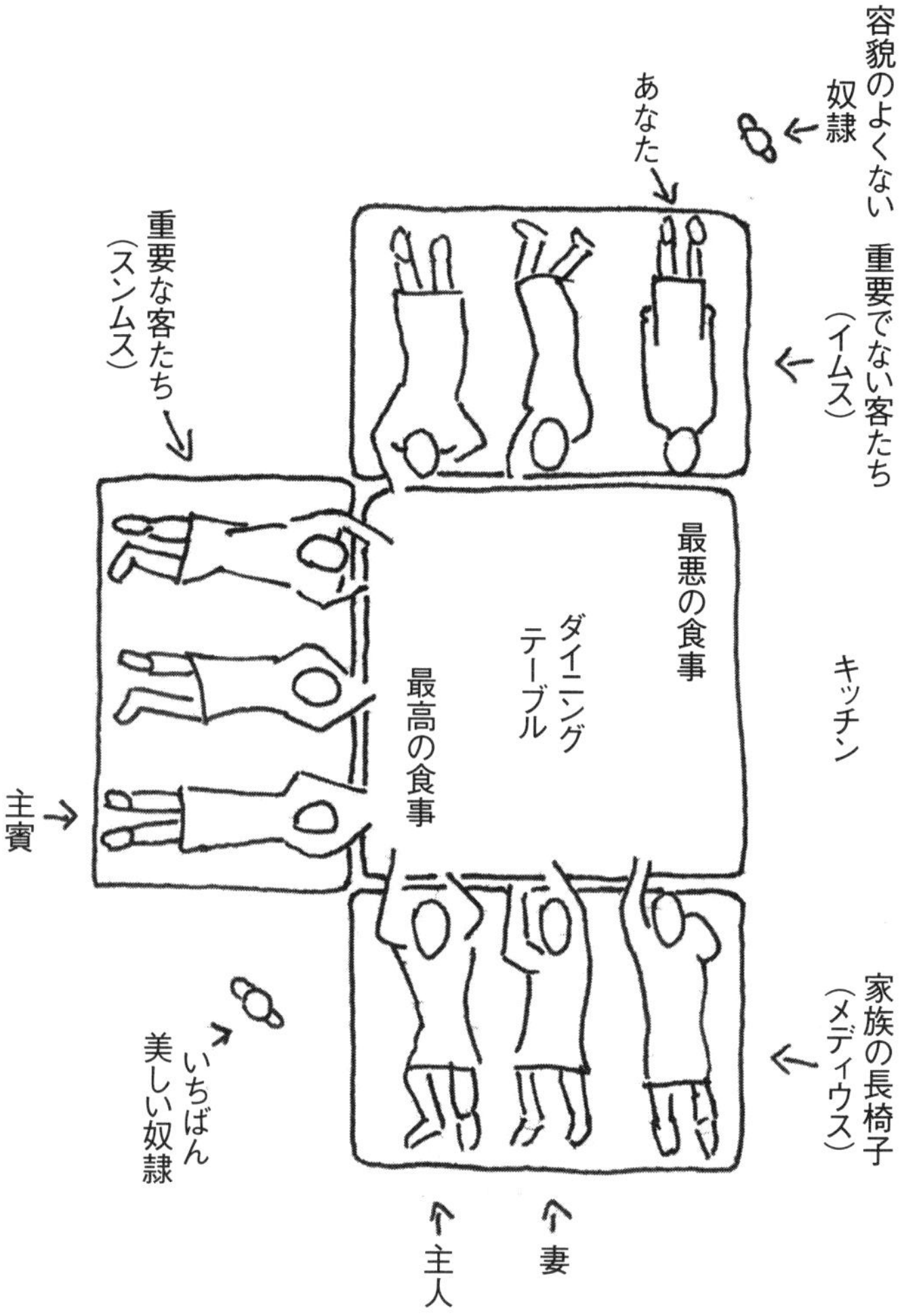
容貌のよくない奴隷
あなた
重要でない客たち
（イムス）
重要な客たち
（スンムス）
最悪の食事
ダイニングテーブル
最高の食事
キッチン
主賓
家族の長椅子
（メディウス）
いちばん美しい奴隷
主人
妻

と、主人から言われているようなものである。それでも礼は言わねばならない。それがコンウィウィウムの重要な点だ。最下位の席に座らせ、無視という公的侮辱を与えるためだけに、客を招待した話さえ残っている。

奴隷

家のなかは、へつらう奴隷たちでごった返していた。へつらわねばならなかった。でないと鞭で打たれたからだ。主人は力を誇示するために、客の面前で奴隷を鞭で打った。コンウィウィウムに関して現在読める、最も長く明晰な記述は、ペトロニウスの『サテュリコン』に書かれたものだ。そこでは、とてつもなく裕福で自慢屋の、トリマルキオ*という悪趣味な主人が、殴るぞと言ってしょっちゅう奴隷を脅している。半分はただの冗談で言っているのだが、残りの半分はひどく真剣だ。まだ宴が始まるより前から、些細な不注意に関する許しを請うて奴隷が泣きじゃくっている。その奴隷は奴隷らしいへつらった態度で感謝し、最高のワインをこっそり出すことを相手に約束する。なぜなら、これはたぶん奇妙に聞こえるだろうけれど、奴隷にもいくらかの権力があったからだ。高額で取り引きされる奴隷は、貧しい客を見下していたかもしれない。

ローマ人と奴隷たちの関係は、われわれから見ると、理解できないほど奇妙なものだ。慇懃さがあり、交渉があり、愛があった——もしくは少なくともセックスがあった。そして後者は、仮にそのような意図はなかったとしても、しばしば前者に似たものへと転じた。個々の奴隷の解放も頻繁に行なわれた。頭のいい奴隷は、所有物にしておくよりもビジネスパートナーにするほうが得策だからだ。これは奇妙なことだ。だがこの世界では誰もが、何か支障がないかぎり、奴隷制というものを受け入れていたのである（キリスト教徒は別だ。彼らはほんとうに変わり者だった）。

コンウィウィウムの客にはそれぞれひとりずつ奴隷がついた。専用のお酌係である。そこで問題は、今夜あなたについた奴隷がどのくらいの質かということだ。ローマ人は奴隷を外見で格づけした。たぶん中東出身であろう最も美しい少年が、主人の酌をする。客の格が下がるにつれ、奴隷の外見の質も下がっていく。重要ではない客には、容貌のよくない奴隷がふさわしい。ユウエナリスによると、第三の長椅子の三番目の席の客には、「ガエトゥリ族〔北アフリカに住んでいた部族〕の下僕、または、真夜中に記念碑の前で出くわしたくはないと思うような黒人の骨ばった手から」酒が渡されたという。

ワインの質

ローマ人は史上最初のワインオタクだった。飲んでいるワインの産地がどこであるかをめぐり、えんえんと話しつづけることができた。どの畑の、どのブドウの、そして最も重要なこととして

＊　F・スコット・フィッツジェラルドの『グレート・ギャツビー』のワーキングタイトルは、『ウェスト・エッグのトリマルキオ』というものだった。

どの年のワインか。この点に関し、ローマ人は何よりも古さを重視した。最高のワインは一〇〇歳のものだ。実際に試したかどうか、その特定のブドウが実際に年月とともによくなっているかは問題ではなかった。コンウィウィウムは楽しみのためではなく、誇示のために開かれるのだから。ヴィンテージものには時の執政官（毎年交替する）の名前が刻されたが、古いワインの刻印のほとんどは偽造だった。そしてダイニングルームの隅にはサモワールのような器具があり、ローマ人はワインを、その器具から注がれるお湯で薄めて飲んだのだった。だから実際のところ、プロヴァンスの歌やら何やら〔キーツ「ナイチンゲールへの頌歌」を踏まえている〕の熟成をかぎ分けることは、極めて難しかっただろう。

それも問題ではなかった。ここでのすべては格づけのためにあるのだから。そしてもしあなたが第三の長椅子の三番目の席にいたとしたら、主人がぐいぐい飲んでいるワインをひと口することすらもできなかっただろう。できるのはそのワインの話を聞くことだけだ。彼の飲んでいるワインの生産年と産地についての長口舌を聞かされているあいだ、あなたには二流の安ワインが、てらいもなくあけすけに供される。そしてあなたは、感謝の表情で会釈せねばならない。

ワインのカップ

主人は金杯から飲んでいる。ガラス製の杯から飲んでいることもあるかもしれない。ローマのガラス産業は大きな進歩を遂げたばかりだ。貴重な金属と比肩するとまで言えるかどうかはまだ誰にもわからない。だが、あなたがそれについてどう判断しようと、主人はトップで、あなたは底辺だ。主人には金杯があるが、ユウェナリスによればあなたには「金《きん》は託されない。仮に託されたとしても、見張り役が張りついて、杯についた宝石の数を確かめ、あなたのとがった爪から目を離さないようにする」。でもそれよりはたぶん「ひびが入って、四箇所からワインが噴き出すような杯」を持たされる可能性が高い。

だが、あなたに渡されたゴブレットについて、大事な点を見逃さないように。問題は投げやすいかどうかだ。コンウィウィウムは夜中まで続くことが多く、ローマ人は軍人気質を決して失ってはいない。酔っぱらうと怒り出す。怒ると、嫌いな相手にゴブレットを投げつけはじめる。キケロの息子はアグリッパにゴブレットを投げつけた（複雑な名誉の問題ゆえに）。トリマルキオの妻は夫に投げつけた（夫が奴隷の少年にキスしていたがゆえに）。

最後に引いた例からは、教条主義者たちが評価する、コンウィウィウムのある特徴が浮かび上がる。シュンポシオンの平等性や自由さに比べて旗色が悪く見えたコンウィウィウムも、この点においては挽回できるかもしれないと彼らは考えている。その特徴とは、女性も参加できたという点だ。これぞ偉大かつ記念すべき平等の瞬間である。セネカは次のように指摘した。女性たちは「同じように遅くまで参加し、同じくらいたくさん酒を飲み、取っ組み合いや酒量で男たちに挑む。男たちと同様に、腹がいっぱいになると嘔吐し、それからまたワインを詰めこむ。胃の熱を冷ますために氷をかじる点でも、男たちに後れを取らない」。コンウィウィウムは嘔吐で始まり、嘔吐でしめくくられるようだ。

実際のところ、ローマのコンウィウィウムについて褒められる点は何もない。野蛮で狭量で悪趣味な、富める者から見れば権力の披露、貧しい者から見れば寄生の披露の場だった。ローマの文筆家のほぼ全員が、ゴブレットいっぱいの侮蔑の気持ちをコンウィウィウムに対してぶちまけているのだから、どうしてみんなが出席していたのか理解できないくらいだ。

コンウィウィウムを讃えているメジャー作品がひとつだけある。それは詩人ホラティウスによるもので、この詩のなかで彼はコンウィウィウムの主人を務めようとしている。わたしが客と主人の両方の立場から話をしたと言えるようにするためには、ホラティウスのコンウィウィウムはとてもよさそうだ。まあ、ちょっとしたベジタリアン料理しか出さないと冒頭で述べてはいるけれど。それから彼は、出すワインについてかなり細かく述べる（ローマ人はみんなそうだった）。でも彼は、自分のささやかなコンウィウィウムを楽しいものとして書いている。招待の文面には、ローマでは極めて珍しい、酔いを讃える一節が含まれている。

酔いは奇跡を起こす
秘密を解き放ち、望みをかなえ、
臆病者に勇気を与え、
不安を押し流す。
豊富なワインは詩を湧き出させ、
貧しき者、低き者を自由にする。

それからホラティウスは、ナプキンが清潔であることを約束する。翌日は公休日だから遅くまっている。われわれにとってもおなじみの、二日酔いだ。大プリニウスに上手い記述がある。そして翌朝、ローマの飲酒の最終ステージが待のないローマの通りを家に向かったものだった。そして翌朝、ローマの飲酒の最終ステージが待っている。

で寝ていることができるともつけ加える。コンウィウィウムは深夜に終わり、客たちは、街路灯

酔っぱらいは日の出を見ることがない。日の出によって、酒飲みの人生はますます短くなってしまうからだ。ワインによっても、あの青白い顔、落ちてくるまぶた、痛む目がもたらされ、手は震えて、なみなみとワインの注がれた器をこぼさずしっかりと持っていることができず、復讐の女神にあおられる寝つきの悪い夜というかたちで、たっぷりと罰を受けるのであり、そして泥酔に対する最高の報いが、あの恐ろしいほどみだらな夢、禁じられた喜びの夢である。そしてそれから翌日、息はワイン樽からもれているかのようであり、記憶力は壊滅してほとんど何もかもを忘れてしまっている。そしてこれさえも彼らは「人生の瞬間をつかんでいる！」と言うのだが、実際には、他の人々は過ぎ去った日を失っているのに対し、酒飲みはやって来る日をあらかじめ失っているのである。

9　暗黒時代

奇妙なことだがローマのワインは、いかなるローマ兵よりも遠くまでたどり着いた。ローマ軍はドイツに入り、トイトブルクの森まで行ったが、皆殺しにされて戻ってこなかった〔トイトブルク森の戦い（西暦九年）〕。だがローマのワインはドイツに入り、トイトブルクの森まで行って、のどがからからからの地元の人たちにがぶがぶ飲まれ、しかもその人たちは、もっと欲しいと言ったのだった。

彼らはのどがからからの集団だった。みなさんは、未開のドイツ人の集団が、ローテクのオクトーバーフェスト〔毎年九月下旬から一〇月初めにかけてミュンヘンで開催される、世界最大のビールの祭典〕を年中やっているところを想像されたかもしれないが、その想像はだいたい合っている。

昼も夜もずっと飲んでいても不名誉なことではない。酔った人間がやりがちな喧嘩を彼らもするが、罵り合いだけで終わることはまずなく、たいてい傷や流血をともなう。

これはローマの歴史家タキトゥスの記述だ。タキトゥスはまた、こうも言っている。ゲルマン人は政治的決定を必ず酔っぱらっているときに行なった。酔っぱらうと人は正直になるというのが根拠だった。

彼らは敵同士の調停について、婚姻による同盟について、族長の選出について、さらには戦争と平和についてさえも、宴の席で協議する。心が目的へとこれほど素直に開かれ、気高い野心にこれほど熱くなれるのは、宴の席をおいてほかにないと考えるからである。先天的にも後天的にも狡猾さを持たない種族である彼らは、表に出していなかった考えを、宴の自由さのなかで明かす。かくして全員の気持ちが明るみになり、むき出しになり、翌日議論はまた新たになって、機会を重ねるごとに奇妙な利点が引き出される。彼らは隠しごとのできないときに審議し、過ちを犯すことが不可能であるときに決断するのだ。

現代の政治も当然これを取り入れるべきだ。テレビのインタビューがもっと面白くなるだろうから。これはまた、「in vino veritas〔酒に真理あり〕」の原理の極地でもある。アルコールが真実を語らせるものであり、政治が嘘と嘘つきまみれであるのなら、真実の母たるアルコールを政治に処方するのは理にかなっているのではないか？　統治者は絶対に酒を飲むべきではないという中国やインドの考えに道理があるのと同様、ここにも道理はある。今日われわれがこのアプローチを取れば、間違いなく戦争は増えるだろうが、少なくともその戦争の原因を知ることはできるだろう。

タキトゥスはまた、ゲルマン人は自分でビールを造る一方、ローマのワインも輸入していたと述べている。そして彼らはローマのワインを、ローマ製の黄金のカップから飲んでいた。このことがわかっているのは、ゲルマン民族の王たちがいちばん高価な飲酒器具とともに埋葬されるのを好んだからである。かたわらにそれらがあることで永遠に酒盛りができると、どんな神々を信仰していたかを問わず、彼らはみな信じていた。もちろんそれは間違っていた。近代の無粋な考古学者たちが片っ端から掘り起こしては、彼らと飲酒器具とを引き裂いてしまったのだから。

というわけでローマ帝国が衰え、よろめき、倒れても、ワイン交易はできるかぎり続けられ、ワイン漬けのヴァンダル族とビール漬けのゴート族の需要を満たしつづけた。われわれにとって問題なのは、これらの部族がどこまでも野蛮だったため、飲酒習慣について何も書き残していないことである。ほとんど様子が見えないまま光も消えてしまう。この時代は暗黒時代と呼ばれる。

ちらりとだけ見せてくれる例がひとつある。プリスクスというギリシア人が、西暦四四八年、フン族のアッティラ王と実際に食事をともにした。プリスクスは外交使節としてアッティラのもとへ送られていた。自分が大事にしていたローマの酒器が盗まれたというので、アッティラが激怒していたからである。酒器を取り戻したいアッティラは、これの新たな持ち主となったシルウァヌスという名のローマ市民を、会って殺そうと考えていた。

それでことを丸く収めるべく、プリスクスが、歴史上最も乱暴で恐ろしい男のひとりのもとへと送られた。そしてしばらく待たされたのち、アッティラの最も大きな家、最もお気に入りの邸宅での宴に、三時に招かれたのだった。

プリスクスは広間へととおされた。壁にぐるりと沿ってテーブルが並べられていた。アッティラのテーブルは中央にあり、アッティラのベッドは席のすぐ背後の台の上にあった。その周囲には直近の親族がいたが、まったく楽しそうではなかった。アッティラのいちばん上の息子は父を恐れて地面ばかりを見ていた。他の客たちは年齢順に並んでいて、アッティラの右側のほうが左側よりも上席だった（ローマのコンウィウィウムと同じ）。プリスクスは左側の末席に着いた。
全員にワインが一杯ずつ配られ、ひとすすりしてから（慣習だ）席に着いた。そして乾杯が始まった。

全員が然るべき席に着くと、給仕係がアッティラに、ツタ模様の椀に入ったワインを差し出した。アッティラはそれを手に取ると、最も上席にいる男を讃えて乾杯した。讃えられた男は立ち上がった。アッティラがワインを全部、または一部飲んで、係にゴブレットを返すまで、彼は座ってはならなかった。他の客たちもそれぞれ杯を手に取り、同様にして彼を讃え、乾杯ののちワインをひと口すすった。アッティラ付きの給仕係が退出したあとは、接客係がひとり、正しく席の順どおりに客を回った。二番目に上席の客が讃えられ、やがてすべての客たちが讃えられ終わると、アッティラは席順にわれわれに挨拶をした。

これはずいぶん時間がかかっただろう。恐怖と退屈が堅苦しく入り交じり、現代の結婚式のように席順にわずらわされる。ようやく食事が出てきて全員飲食に取りかかり、まあまあ楽しい時間を過ごす。アッティラ以外は。アッティラは決して笑わない。彼はただ、震え上がっている家族のそばにいて、客たちが銀の皿を空《から》にするのをじっと眺め、木製の板の上にある自分の食事を平らげていた。

するとふたりの道化が登場した。スキタイ人とムーア人の可笑しなドワーフたちで、全員大笑いだ。アッティラ以外は。アッティラだけは、無愛想で意地悪で残忍なままである。日が沈み、かがり火がともされたところで、プリスクスはようやく気がつく。このままでは今夜は何も用事が果たせない。「夜のほとんどをパーティーに費やしたあとでわれわれは会場をあとにした。これ以上酒を飲みたいとはまったく思わなかった」。

プリスクスはコンスタンティノープルに帰って歴史書を著わし、アッティラは鼻血で死んだ。

修道院の飲酒

ゲルマン民族は、ものすごくひどいやり方でヨーロッパ中を暴れまわった。彼らはワインを好きだったが、造り方はほとんど知らなかった。遠い草原にいたころ、彼らはウマの乳を発酵させたクミスという不思議な酒を造っていた。これなら移動中でも造れただろう。一か所にしばらくでもとどまれば、穀物からエールは造れる。だがワインを造るには、何年も何年も丁寧にブドウ畑を育てる必要がある。ゲルマン民族はこれがわかっていなかった。だからやって来てはワインを飲み干し、ブドウ畑を焼き払ってしまってから、なぜワインがもうないのかと困惑する。そこで不機嫌にウマにまたがり、次の町へ行っては、また同じことを繰り返すのだった。

ざっくり言っても、巻きぞえにならずに暮らすのが難しい時代であり、これ以上はもうたくさんだと多くの人たちが思った。ある意味、その結果が修道院だった。

修道院は町から離れたところにある静かで小さな場所で、したがって少しは安全だった。ゲルマン民族が説得されて（名目上）キリスト教徒になると、キリスト教の修道院は、のんびりくつろいで酔っぱらうには（名目上）最も安全な場所になった。

このトレンドを始めたのは六世紀の聖ベネディクトゥスだ。彼はいくつか修道院を造り、規則の本を書いた。そんなに厳しい規則ではなかった。ベネディクトゥスはわりと話のわかるやつだったから。左にあるのは規則の第四〇番だが、飲酒の禁止に完全に失敗している。

「誰もが神からの贈り物を与えられていて、それは人によって異なる」。したがって、他の人の飲む量を規定することにはいささかの危惧がともなう。とはいえ、弱き同胞に必要なぶんを考えると、一日にワイン一ヘミナが適量だと思う。だが、酒を断ち切る強さを神から与えられた者たちは、特別の報酬を受けていると知るべきである。

ワイン一ヘミナは、だいたい現在のボトル一本ぶんだ。それよりは少し少ないかもしれない。さて、みなさんが何を考えているかはわかる。それじゃ足りないだろう。気温が高めの日だったら？　のどが渇いていたら？　酒が欲しい理由が、何か馬鹿馬鹿しいことをやったから、たとえば運動をしたからだとしたら？　聖ベネディクトゥスは鬼か？

鬼ではない。聖ベネディクトゥスは思慮深い善人で、以下のことも考慮に入れていた。規則は次のように続く。

場所や労働、夏の暑さといった状況により、もっと多くの分量が必要である場合には、修道院長は、飲みすぎや酩酊が生じないよう必ず注意しつつ、適宜判断すべきである。

ベネディクト会修道院に入るか、家にいて西ゴート族がやって来るたびレイプされたり略奪されたりするかの選択だ。修道院が栄えたのも無理はない。とはいえ、ベネディクトゥスはワインが修道士に必須だと考えていたわけではなく、そもそもワインを好ましく思っていたわけでもなかった。

確かにわれわれは、ワインは決して修道士の飲み物ではないと考える。だが、今日の修道士はこれに納得しないので、飽きるまで飲むのではなくあくまで控えめに飲むことについては同意しておこう。「ワインは賢者さえも堕落させる」のだから。

他の修道会の会則は、ワインの分量についてこれほどはっきりさせてはいない。だがワインを飲めるのは、あくまで酔いを禁じる規則を守るかぎりにおいてであったことは明らかだ。立ち上がって聖歌を歌うことができないくらい酔っぱらった者は、規則で厳しく罰された。最も厳しい罰は六〇日間の断食だったが、これは拝領した聖体を吐き戻してしまった場合である。ベネディクトゥスは、ワインがなければ困ったことになるとわかっていた。規則の第四〇番は次のように締めくくられる。

だが、上に定められた分量ではなく、もっと少量のワインしか供給できない、あるいはまったく供給できない状況である場合、そこに暮らす者は神を讃えるようにし、決して不満を述べてはならない。何にもましてわれわれはこのように訓戒する。不平を慎むように。

不平はあったろう。暗黒時代の修道士は、つまり事実上暗黒時代の人々は、酒を必要としていた。代わりが水しかなかったからである。飲料水には管理の行き届いた井戸が必要であり、できれば水道も必要だ。そのためには組織や政府などが機能している必要があるが、どれも暗黒時代の不得意分野だった。これらのものがないとなれば、最良の水源は近くの川ということになるが、山のなかに住んでいるわけではないほとんどの人々にとって、その見とおしは濁って暗いものである。

いちばん近い川から引かれた水が、透明であることはまずなかった。気味の悪いものが入っていることもありそうだ。虫とかヒルとか。アングロサクソン族が残したある本は、気味の悪いものを呑みこんでしまったら、ただちにヒツジの生き血を飲むよう勧めている。この対処法はわれわれにふたつのことを教えてくれる。（a）水は気持ち悪いものだった。（b）にもかかわらず人々は水をたびたび飲んだ。のどが渇いているのに水よりもましなものがなければ、飲まざるをえまい。この問題に対するアングロサクソン族の基本姿勢を、修道院長のエルフリクス〔エインシャムのエルフリクス（九五五ごろ―一〇一〇ごろ）。聖人伝など多くのジャンルで著作を残した〕の名言が次のように要約している。「あればエール、エールがなければ水」。

エルフリクスは切なげなトーンでさらに続けて言う。ワインは、イングランドの平均的修道士にとってはあまりにたいせつすぎるものだ。その代わりに与えられたのは、一日わずか一ガロンのエールだった（祭りの日はもう少し多い）。アングロサクソンの修道士たちも、イタリアの同胞たち同様泥酔した。実際、リンディスファーン修道院〔イングランド東北部のリンディスファーン島にあった修道院〕が七九三年にヴァイキングの略奪に遭ったあと、アルクィンという名の修道士〔ヨークのアルクィン（七三五ごろ―八〇四）。フランク王国のカール大帝に招かれて文化振興に貢献した〕が、生き残った仲間たちに宛てた思慮深い手紙には次のようにある。これは自分たちのせいである、なぜなら「酔っぱらって、祈りの言葉を適当に唱えていたから」。気の利いたことを書いたというよりも、真実の気持ちだろう。

これは大事な点だが、イングランドがアングロサクソンの土地になったのは、酒があったからだ。伝えられるところによると、五世紀のケントにヴォーティガンという武将がいた。ピクト人の攻撃を受けた彼は、ヘンギストとホルサというふたりのサクソン人を協力者として招いた。ヘンギストはちょっと魅力的な娘を連れていて、宴にともに出席した。

そして「ヴォーティガンが」食事を楽しんだあと、その乙女は、ワインを満たした黄金の杯を手に部屋から進み出て、王の隣にひざまづいて言った。「Laverd King, wacht heil!」彼は、乙女の顔を見つめてその美しさに驚き、心は喜びに燃え上がった。乙女が何と言ったのかと通訳に尋ねると、通訳は答えた。「陛下を「国王陛下」とお呼びし、陛下のご健康をお祈り申し上げました。陛下がお返しになるべき言葉は「Drinc heil.」です」。それでヴォーティガンは「Drinc heil!」と答え、乙女にも飲むよう命じた。そして乙女の手から杯を取り、彼女にキスをして、ワインを飲んだ。この日以来ブリテンでは、宴で飲むときに「Wacht heil!」と言い、そのあとに杯を受けた者は「Drinc heil!」と応じるのが決まりごとになっている。

ヴォーティガンはヘンギストに、彼女との結婚を申しこんだ。ヘンギストは了承したが、その代わりにケント王国を求めた。公正な取引きだとヴォーティガンは考え、かくしてヘンギストは、お酌してくれる女性をひとり失っただけで王国を手に入れたのだった。

以上は、六〇〇年ものちにジェフリー・オブ・モンマスが書いた、ただの作り話ではないかと思う。とはいえ少なくとも、ジェフリーの時代のイングランド人は、杯をもらうと必ず「Drinc heil!」と言っていたことがわかる。

それからまたたぶん、ヨーロッパ北部のこれらの部族について、タキトゥスが著わした次の記述が正しいことをも、これは証明しているかもしれない。「酒を愛する彼らを喜ばせようと、望まれるがままに酒を与えたら、敵軍に圧倒されるがごとく、彼らはみずからの悪徳にたやすく屈服してしまうだろう」。

ヘンギストとヴォーティガンの取引きは、別のものも生み出した。ブリテンに足場を獲得したヘンギストは、デンマークにいる同胞や友人たちに、こちらへ来るよう伝えたのである。彼らは大挙して押し寄せた。ジュート族、サクソン族、そして最も重要な部族としてアングル族。たった一杯の酒が彼らの足がかりとなり、じきにこの国はアングルランド、すなわちイングランドと呼ばれるようになる。

10　イスラムの飲酒

コーランによると、楽園にはワインの流れる川がある。このことは第四七章一五節に詳しい。

腐らない水の川、味が変わることのない乳の川、飲めば美味であるワインの川、純良な蜜の川があり、あらゆる果実と主からの赦しがある。正しい者に約束されている楽園についてのこの描写は、永遠に業火のうちにとどまり、焼けつくような飲み水を与えられて、はらわたを切り裂かれる者たちのそれと同じであろうか。

するとワインは祝福された者の、水は呪われた者の飲み物である。そして、万が一ワインの川では十分でなかったときにそなえ、コーラン第八三章はよきムスリムたちに、澱《おり》でさえムスクの香りがする特上のワインの入った、封印された瓶を約束する。

このことから導かれるのは、よきムスリムは最終的によきクリスチャンよりもたくさん酒を飲むことになるという奇妙な結論だ。後者は生涯ワインを飲むが、前者は永遠に飲むのである。一方、コーランは地上での飲酒に対してはるかに不熱心である。この立場は実際のところ少しばかり変化していて、時代が下るにつれワインをめぐる戒律は厳しくなっているという点で、学者も言い伝えも（これに限っては）同意している。第一六章六七節はより初期に成立した部分と思われるが、そこでは、神によってもたらされたよきものが述べられている。「ナツメヤシとブドウ畑が産するものから、あなたがたは自分で、酒や、よい食糧を得る」。

コーランが飲酒に抗議する調子はずいぶん穏やかだ。酔っているときは祈るなと書かれているが、これはもっともであるし、人はかなりの時間酔っているものだということを前提にしているようにも見える。それから、飲酒と賭け事についての節もある。「そこには大きな罪があり、人間にとっての「いくらかの」恩恵もある。しかし罪のほうが恩恵よりも大きい」〔第二章二一九節〕。これまた健全でもっともな忠告である。

ところがその後、言い伝えによれば、ムハンマドの信徒たちのあいだで酔いが原因の喧嘩が起きる（ひとりが子羊の骨を相手に投げつけたのだ）。ムハンマドは帰ってもう一度よく考え、次の言葉へと至る。

あなたがた信仰する者よ！　強い酒、賭け事、偶像、占い矢は、悪魔の手による業に過ぎない。それらを退け、よきことを成しなさい。〔第五章九〇節〕

ほとんどのムスリムはこの節を最後通牒と考える。飲酒は悪魔の所業であり、したがって救いがたく否定しがたく悪いものだ。

コーランのあとにはハディースが誕生した。ムハンマドの言葉を集めたもので、成立したのは一〇〇年かそこらのちとされる。ハディースは、相当完全にワインに反対だ。薬品としても、酢の醸造においても使用を禁止している。鞭打ち八〇回という、飲酒に対するおなじみの刑罰が書かれているのはハディースだ。ほかにも追加項目があって、当時から抜け穴を探す人が跡を絶たなかったのではないかと思ってしまう。*

だがハディースにはなお、悪であると同時に楽園のようでもあるという、不思議なワイン観が残っている。次のように述べているのだ。「この世界で悔やむことなくワインを飲む者は、別の世界でワインを飲むことはないだろう」。

しかしわれわれにとっての問題は、これらすべてにどれだけの効果があったかということだ。そもそもキリスト教の聖書も、愛と赦しをはっきり命じているというのに、それらしい効果は出ていない。新約聖書には、姦通で捕らえられた女性を死刑に処すことに、イエスが強く反対する一節がある。イングランドで最後に女性が姦通で絞首刑になったのは一六五〇年、ピューリタンが導入した新刑法によってであった。

八世紀のバグダッド

では酒の禁止は実際どのくらい行なわれていたのだろう？　最初はそれほどでもない。アラビア半島にはあまりたくさんのワインはなかった。修道院での使用のために輸入されたことを示す記録はわずかにある。だが砂漠の遊牧民はそれほどワインは飲まない。それから七世紀になって、イスラム教がメソポタミアとレヴァントに広まった。どちらも世界最古のワイン製造地帯である。そこで多少事態は変わったが、まだそれほどでもなかった。

初期のイスラム教はかなり寛容だった。とりわけユダヤ教徒とキリスト教徒に対してそうだった。三日月刀を突きつけて改宗を迫ることはまずなかった。それどころか、初期の戦略はムスリムに税制上の恩恵を与えるというもので、自由は全員に与えられていた。これはつまり、あなたが八世紀のバグダッドに降り立ったとしても、ユダヤ人地区《クオーター》やアルメニア人地区《クオーター》、ギリシア人地区《クオーター》に行きさえすれば、簡単にワインが手に入ったということだ。四分の一《クオーター》がこれだけあれば、いかめしい数学者もほろ酔いで頬を染めただろう。

クオーターにたくさんかよった者のひとりに、アブー・ヌワースがいた。アブー・ヌワースは一般に、それまでのアラブ世界で最も偉大な詩人だと見なされていて、専門はハムリヤート、すなわちワインの詩だった。これはアラブの詩歌でよく知られているジャンルであり、酒の戒めがどこまで有効だったかをいくらか教えてくれる。そしてアブー・ヌワースのハムリヤートを読むと、西暦八〇〇年ごろのバグダッドの宵に（あるいは事実上、日の出から日の入りまで）酒を飲むことが、どのような感じだったかがよくわかる。

ヌワースがとりわけありがたいのは、彼の詩のほとんどが同じパターンに沿っているからだ。

＊　「アッラーはハムル［酒類―アルコール、ワイン等］を呪い、これを飲む者を、これを他の者たちに注ぐ者を、これを売る者を、これを買う者を、これを造る者を、これが誰かのために造られた場合その者を、これを運ぶ者を、これが運ばれる相手の者を、これを売って得た金を使う者を呪った」。――アブー・ダーウード『スナン』［ハディース六書のひとつ］

どこかのクオーターへ出かけていくところから始まり、宮殿の壁のふもとの「暗い小道を競い合うように走る」。酒場に着いたら、大きな音を立ててドアを閉め、怒鳴らなければいけない。店主は眠っていることが多いうえ、どうやら、ぱーっと騒ぎたいアラブ人集団が現われたときのみ開店するようだ。ヌワースの描く酒場には、店主、給仕、客を楽しませる芸人以外の人間はまったく登場しない。

店主が注文を聞き、アブー・ヌワースはワインと答える。その後店主が、どんな種類のワインか、ヌワースと連れの者たちがいくら使うつもりかと尋ねることからすると、ワインの流通量はかなりあったようだ。これに対するヌワースの答えはいつも「たっぷり！」および「ここにあるいちばんよいものを」である。彼は生産地と製造年、ブドウの種類にうるさく、ファルージャ産のワインが特に好きだった。

店主はかび臭くほこりっぽい地下貯蔵庫へ降りていき、封をされた大きなワイン瓶を引きずるように運んで戻ってくる。ヌワースはこれを見て興奮し、ワイン瓶は美女であり、自分は彼女をこれから略奪するのだと考えはじめる。店主が封を切ると、彼女は「処女のように」血を流す。ヌワースはますます興奮する。ワインは美しいグラスに注がれ、通常氷や冷水が加えられる。ヌワースはストレートで飲むこともあるが、特別なときだけだ。ヌワースは特別なときだけストレートだった。

ここで酒場にいる他の人たちを見てみよう。たいていの場合、男または女の給仕、または歌手、または横笛奏者、または娼婦、または奴隷がいた。だがたいていの場合、これらのいくつかを兼ねる人がいて、ここにもまたヌワースは興奮した。女性が必需品であるのに対し、少年は嗜好品だった。ヌワースの夜はほとんど毎晩、給仕との男色行為で終わる。彼の描写によると給仕はいつも、ハンサムで「子ジカのように」スレンダーだ。同意の有無などという細かいことを、ヌワースは必ずしも気にかけない。同意どころか意識さえも怪しい。相手の年齢を考えたら、ことの子細にはヴェールをかけておくべきだろう。ところがこれまたヌワースはそうしない。彼はいつまでも「三日月のかたちをした峡谷」について語り、ラクダにまたがるようにして彼らにまたがったと語るのだった。

ヌワースのハムリヤートに登場する興味深い細部に修道院がある。バグダッド市街のすぐ外にはキリスト教の修道院がいくつもあって、もぐり酒場や、もしかしたらもっといろいろなサイドビジネスで儲けていた。ヌワースと友人たちはたびたびここを訪れ、ひと晩中過ごしたものだった。

教会の鐘が日の出を告げ、
修道士が祈りを唱える。
酔った男はもっとワインを求め、
雨が大気を満たしている。
［中略］
修道院の地で酒を飲むのは
なんとよいものだろう。

そしてこうした環境で飲むのに
四月はいちばんよい月だ。*

その後ヌワースは聖歌隊の少年を陵辱する。不快なことだ。だが、いわばここがポイントなのである。ヌワースは、人が表立ってやらないようなことを並べ立て、全部やったと宣言するのが好きなのだ。昨夜。二回。ヌワースは飲酒が非合法であると知っていた。だからこそこんなにも酒が好きだった。

ある詩のなかで、彼はコーランの写しを実際にワイングラスの横に並べ、一方は温かく他方は冷たいと述べている。ヌワースの主たる目的のひとつは、聖職者の厳格な一派を不快にさせ、怒らせることだった。それは成功した。彼は投獄され、面会を望む裕福で堕落した友人たちから、バグダッド警察の長は賄賂をまき上げ、ひと財産築いたという。

だがヌワースの投獄はごく短期間だった。その投獄も、当時のカリフが、劣勢だった内戦でイマーム〔イスラムの僧〕たちの支援を得ようとして行なったことだった。その時期が過ぎるやいなやヌワースは釈放され、カリフとともに飲んだ。カリフは彼の友人で、伝説的な酒好きだった。カリフ制を復活させたがっている人々がしばしば見落としている点だが、初期のカリフはほとんどが酒飲みだったのである。

ヌワースの偉大なる先人で、おそらくはハムリヤートという詩形態の発明者であろうと目されているのは、彼が生まれる少し前に在位していたバグダッドのカリフであった。アル＝ワリード二世〔ワリード二世（七〇九―七四四）〕は、ヌワースほどすぐれた詩人ではないとしても、実のところ、スキャンダラスさでは勝っていた。しかも彼は王だった。その典型的な詩文は次のようなもの。

神に誓って、および敬虔な天使や正しい人々に誓って言う。
余は音楽と歌を欲し、ワインを欲し、ぴちぴちの若い娘の頬を噛みたいと望む。

カリフがこんなことを書いているのだから、法がゆるくなったとしても不思議ではない。また、統治者が廷臣たちと酒盛りをするのが、アラビア文学のお約束シーンになったことも不思議ではない。酒飲みの君主はたくさんいた。グラナダの偉大な王であるバディスは、宮殿が破壊されているのにいつまでも出てこないので、死んだのではないかと噂された。スペインのまた別の統治者、アル＝ムータミド・イブン・アッバード〔セビリア王国最後の王（一〇四〇―一〇九五）〕は、町が敵軍に包囲されたとき、飲みすぎて人事不省に陥っていた。歴史書は〔ティムール朝の〕偉大なスルタン、フサイン・ミールザー・バイカラ〔一四三八―一五〇六〕について、「ホラーサーン地方の王だったおよそ四〇年のあいだ、正午の祈りのあとに彼がワインを飲まない日は一日もなかった」と述べている。でも、朝食時には決して飲まなかったとのことだ。

＊　英訳は Jim Corville による。*Poems of Wine and Revelry: The Khamriyyat of Abu Nuwas*, London: Kegan Paul, 2005 所収。

いま引用した文は、一六世紀の恐ろしい武将、バーブル〔一四八三―一五三〇〕が残した記録から引かれている。彼は一二歳でウズベキスタンの王となり、アフガニスタン、北インドを侵略して、ムガル帝国を建国した。日記もつけていた。

バーブルの日記は、歴史上最も奇妙な記録文書のひとつだ。個人的で、躊躇がなく、みなさんやわたしが今日書くだろうタイプの日記にかなり似ている。美しい景色の細かい描写、友人が訪ねてきたこと、おなかを壊したことなどがえんえんと記される。読んでいると彼が知り合いのように思え、きっといいやつだろう、タイムマシンが何らかの理由で自分を五〇〇年前のカブールに落としたら、きっと意気投合できるだろうと思えてくる。すると一五一九年一月一二日の記述にはこうある。「水曜日：馬に乗ってバジョール砦を訪れる。ホージャ・カラーン邸にてワイン・パーティーあり」。

ただし、前日にあたる一月一一日の日記はこうだ。

バジョール砦の重要な案件が一段落し、ムハッラム〔ヒジュラ暦一月〕九日の火曜日、われわれはバジョールの谷を行進して二マイル下った。丘の上に頭蓋骨を積んだ塔を建てるよう命じた。

ほら、バーブルは敵を虐殺し、頭蓋骨で塔を建てる人だったわけだ。今日みなさんはこれをトレードマーク、または宣伝のためのギミックだと言うかもしれない。だがバーブルは謎の人物だ。友だちが作りたくても作れない人なのか、それとも怪物なのか、それともその両方なのか、判断するのは難しい。
バーブルは二〇歳になるまで酒を飲まなかった。単に興味がなかったからである。だがそれから彼は飲みはじめ、すごく興味を持つようになった。そしてそのすべてを日記に書き留めた（虐殺やドクロの塔や、時には生きたまま敵の皮をはいだことと並べて）。馬上で、宮殿で、船上で、いかだの上で、山を登り谷を下りながら彼は飲んだ。バーブルは酒を飲むことが好きだった。次に挙げるのは典型的な記述である。

一五一九年一一月一四日：ごく私的なパーティーを開くことを思いつき、ワインなどを用意するよう［タルディー・ベグ〔軍司令官のひとり〕に］命じた。彼はワインを求めてビフザーディーへ向かった。ウマ一頭と彼の奴隷を谷底のほうへ送り、カーレーズ［用水路］の向こうの斜面に座った。一パース時［午前九時］、タルディー・ベグが、われわれふたりが飲むワインの入った水差しを持ってきた。彼の後ろには、ムハンマド・カーシム・バルラースとシャーフザーダがいた。彼がワインを手に入れたと知り、わたしがここにいることを知らないまま着いてきたのだ。ふたりもパーティーに招いた。「フルフル・アニケも陛下とワインを飲みたがっております」とタルディー・ベグが言い、「女がワインを飲むところは見たことがない。招待せよ」と答えた。シャーヒーという托鉢僧と、フィドルを弾いていたカーレーズの作業員も招いた。

日没後の礼拝まで、カーレーズの向こうの丘で飲みつづけた。それからタルディー・ベグの家へ行き、就寝前の礼拝の時間近くまで、ランプをともして飲んだ。くつろいでうちとけたパーティーだった。わたしは横になったが、他の者たちは別の家へ行って、太鼓が聞こえるまで［真夜中まで］飲んでいた。フルフル・アニケが入ってきた。おしゃべりをやめない。酔っぱらったふりをして横になり、彼女を追い払った。

以後もバーブルはのんびりと過ごした。午前には酒を飲み、午後には詩を書き、領地内の動植物を熱心に記録し（彼はちょっとしたアマチュア博物学者だった）、敵を惨殺しては遺体にひどいことをした。

だがこののどかな生活はいつまでも続きはしなかった。バーブルは四四歳になったとき、禁酒の誓いを立てたのである。それで、自分のワイングラスを全部持ってこさせて叩き割った。これを詩にさえしている。

金や銀の素晴らしい杯を
全部目の前に集め、
すぐさまその場で粉々にし
魂をワインから解放す。

バーブルは金と銀を貧しい者たちに配った。そして廷臣や兵たちにも酒をやめるよう勧めた。

三〇〇名がただちに禁酒し、道徳面が強化されたバーブルは、不忠義な者たちの虐殺にかかった。とはいえ、絶対禁酒主義は彼にはそぐわない。友人に宛てた手紙で、バーブルはもの悲しい冗談を書いている——たいていの人々は酒を飲んで後悔するものだが、自分は酒をやめて、いまものすごく後悔している。だが戻ることはできず、三年後、彼は帝国と日記を世界に残して死んだ。

わたしはここで、ムスリムがワインを飲むというパラドクスをいかにバーブルが体現しているかについて、べらべらとたわごとをしゃべるべきだろう。だが、バーブルの玄孫《やしゃご》であるジャハーンギール〔ムガル帝国第四代皇帝（一五六九—一六二七）〕のほうが、よりいっそうこれを体現している。ジャハーンギールのワインの杯には「アッラー・アクバル」と彫られていたのだ。*

バーブルの名誉のために言うと、バーブルは少なくとも、イスラムにおけるアルコールのジレンマと向き合っていた。とても細かい差だが、重要な点として区別されねばならない。飲酒は許されうる。ほとんどのイスラムの宗派では、酒を飲んで後悔することが許されている。だが、飲酒は罪ではないと考えることは罪である。だから代々のスルタンは、取り締まりながら忘れたり、禁じながら飲んだりしたのだった。ペルシアのシャーのほぼ全員が、どこかの時点で全面的禁酒令を出している。しかし人々はそんなことは忘れてしまうものだった。必ず理由はあった。サファィー一世〔サファヴィー朝第六代シャー（一六二〇?—一六四二）〕は一六二九年に王位に就くと、すぐさまアルコール禁止令を出したが、その後風邪をひいた。たいへんひどい風邪だった。これは特

* 結構綺麗なもので、現在ポルトガルの博物館にある。

にひどい風邪だから、治すために酒を飲むべきだと医者が言った。医療目的の飲酒なら罪にはならないだろう。健康のためだ。サフィー一世は一六四二年、酒の飲みすぎで死んだ。

後継者であるアッバース二世〔一六三二—一六六六〕も、王位に就くと、すぐさまアルコールを禁止した。だが当時彼はまだ九歳だった。一六歳のとき戦いに勝つと、特別な機会のように思えたので酒を飲んだ。特別な機会は一六六六年まで続いた*。

いちばん真面目に取り組んだのが、スルターン・フサイン〔サファヴィー朝第九代シャー〔一六六八—一七二六〕〕である。彼は一六九四年に王位に就くと、すぐさまアルコールを禁止した。王宮の貯蔵庫から六〇〇〇本のワインが持ち出され、人々が見守るなか、イスファハーンの中央広場で全部空《から》にされた。スルターンはものすごく、ものすごく本気だったのである。ところが大叔母から、ほんとにすごく酒が大好きだと言われた。どうしたらいい？　分別のある男なら、大叔母の好きなものを禁止なんてできない。そんなやつは冷血人間だ。というわけで禁酒令は解除され、スルターンと大叔母様は仲よく酒を飲みつづけたのだった。

応急回避策

一方、何世紀もが着々と過ぎていくあいだ、集団意識からはつねに突き上げがあった。ムスリムにとって、飲酒が単純な問題であることはまずない。社会的圧力と法的規制、およびおそらくは、古きよきコーランの教えが効果をもたらした。下層階級の者たちはアヘンのほうが好きだと感じ、コーランにはアヘンのことは書かれていないから大丈夫だと考えた。中流階級は、ある程度まで実際に禁欲的になった。けれども彼らは抜け穴を見つけた。標準的漁網よりももっと多くの抜け穴をだ。

オスマン帝国時代のボスニアで、ムスリムはとても信心深く、ワインを飲まなかった。その代わりラクを飲んだ。コーランにはラクのことははっきりと書かれていないから大丈夫だというのが彼らの主張だった。けれどもラクは実際には、ブドウなどから造られる強い酒である。冗談で言っているのだと思いたくなるだろうが、人はばかげた言い訳を真剣に取るものだ。一九世紀にペルシアを旅したあるスコットランド人は、自分が出会ったスーフィ教徒の老人について次のように書いている。

道義心が繊細である彼と仲間たちは、いかなる法も——彼らが信じることにしたところによると——侵害することなく、このように楽しむ手段を考え出した。さまざまな種類の甘い物質を蒸留し、オレンジなどの果実を加えた酒を造ったのである。穀物も、砂糖そのものも、材料から除かれているとは思えない。これに彼らは、アラビア語で「生命の水」を意味する「マー・ウル・ヒアート」という名をつけていた。非常に強い酒で、ウイスキーにオレンジや香料で香りをつけたものを思わせた。マホメット〔ムハンマド〕の法ではっきりと禁じられた物質からは造られていないから、これは合法だと彼らは自分たちを納得させていて、この瓶の酒は、

＊　ええと、実際のところは一六五三年に再度禁酒令を出したのだが、一年も続かなかった。

ミールザ・レザーと、他のもっと臆病な新参者たちのため、この日のディナーのあとに出されたのだった。ミールザ・レザーが酒瓶を手に、極めてピューリタン的な空気をまとってわたしのほうを向き、この価値ある生命の酒と、ワインだのブランデーだのと呼ばれる禁制のまずい屑とのあいだには大きな違いがあると説明するのを見るのは、非常に楽しいことだった。彼はこれらの屑を口にすることを、決して（この点について彼は念を押した）自分に許していないとのことだった。かなりの大きさのグラスをぐいっと飲み干しつつ、彼は続けて言った。「これは合法で、たいへん美味しい。とりわけ、胃が弱って困ったときには飲むようにしているのですよ」。

渇きに鞭打たれて進むのであるかぎり、人間の創意工夫は必ず宗教の迷路をくぐり抜ける。一六世紀にイスタンブールを訪れたあるドイツ人は、叫ぶと一瞬魂が抜けると考えられていたと記している。だから信心深いオスマンの人々は、金切り声で叫んだり、できるかぎり低い声で叫んだりを繰り返して、魂をからだの外でうろつかせることができた。*とはいえいちばんの対処法は、一九世紀にある裕福なイラン人のパーティーに招かれた、ロシア人技師が記録したものだ。日没後の祈りがおごそかに唱えられたあと、主人が手を叩いて召使を呼び、「何かと帽子」を持ってくるよう命じた。召使たちがただちに帽子をトレイに載せて持ってくると、客たちは――そのなかには何人かのムッラー〔イスラム教の宗教指導者〕もいた――帽子を取ってかぶった。それで正解。「わたしはもうムッラーではなく、一私人です」と彼らは言って、早速ボードゲーム（禁じられている）を始め、「何か」を自分によそった。

その「何か」とはずらりと並ぶボトルだった。極上のコニャック、ウォッカ、ワインなど、ありとあらゆる種類の酒があった。

すると最上の解決策は、帽子をかぶって叫び、ラクを飲むことだろう。これは人生の問題のほとんどに対処できるのではないかと思う。代替策として、内密に酒を飲むというもっとシンプルなやり方もある。この数世紀のあいだのかなりの期間、アルコールは、現代のロンドンのパーティーにおけるコカインのような位置を占めていた。奥の部屋でこっそり素早く口にするものだった。そのせいで飲酒は、奇妙に楽しくない行為にもなりえたろう。製造年もブドウの種類も忘れられる。乾杯も献杯もない。とにかくアルコールをからだに入れたいだけなのだから会話もなく、席を外したことに気づかれないうちにパーティーに戻らなければいけない。できるだけ素早く、できるだけたくさん飲むことが重要だ。一六世紀のトルコ人がまさにそうだった。

彼らは以下のような人々である。人前ではワインを飲むことを完全に控えているが、裏へ回ると、世界中のワインをもってしても、これほど大食漢で大酒飲みの人々は、満足させることも満腹にさせることもできない。

＊　いまも英国の一部のバチェロレッテ・パーティー〔結婚間近の女性を囲んで行なう女性だけのパーティー〕で用いられている技法。訊かれそうだから言うと、このドイツ人旅行者の名はラインホルト・ルベナウである。

そして事態は一九世紀のイラン人にとっても似たようなものである。

実際彼らの格言には、グラス一杯も大瓶一本も罪の量は同じだというものがある。そして仮に罰を受けたとしても、彼らは快楽をあきらめたりしない。彼らにとってその快楽とは、ワインや飲み仲間たちとの会話によって徐々に生み出される高揚感ではなく、酔った気分そのものにこそある。それゆえペルシア人はブランデーをぐいっとあおることを好む。これがいちばん早くその至福へと到達させるからだ。

そして一九七九年のイスラム革命でさえ、完全にアルコールを断ち切ることはできなかった。イランのムッラーであるメフディ・ダネシュマンドは次のように述べている。

西洋人でさえわれわれのようにはアルコールを飲まない。西洋人は、ワインをグラスに行儀よく注いで少しずつ飲む。われわれは四リットル入りのウォッカの樽を床に置き、目がかすむまで飲みつづける。アルコールなり何なりの飲み方すらわれわれは知らない。何という集団！みな行きすぎと浪費の達人だ。

そしてこの発言は二〇一一年のものだから、いちばん最近のところまでたどれたのではないかと思う。

11　ヴァイキングの宴《スムブル》

猛きオーディンはいつも
ワインのみにて生く。

　オーディンはワインしか飲まなかった。それどころか、ワインしか摂らなかった。食べることをしなかったのである。ワインを吸い取るものも食べない。チーズカナッペさえも。「古エッダ」〔「詩のエッダ」「韻文のエッダ」とも呼ばれる〕はこの点については断言している。

　スカンジナビアの神が、スカンジナビアの有名な特産品ではなく、ワインに傾倒していたというのは奇妙に思われるかもしれない。だがそこが重要なのだ。ワインは、金持ちのヴァイキングだけが買える高価な飲み物だった。ドイツから、さらにはフランスからやって来た。かつてローマ帝国だった場所から輸入された。ワインはステータス・シンボルだったから、ヴァイキングの神々のトップたるオーディンは、これを飲まねばならなかった。神々の王がエールなど、みっともなくて飲めまい。

　オーディンが何も食べなかったというのも奇妙に思われるかもしれない。空きっ腹にワインはからだに悪い。そんなことを永遠に続けたら胃がおかしくなるかもしれないし、酩酊につながるのは間違いない。オーディンがワインしか飲まないのは、おそらく彼の名前が、文字どおりには「狂気の主」を意味するからだろう。「恍惚《エクスタシー》の主」と訳す人々もいるが、率直に言って彼の食事内容からすると、「酔っぱらいの主」というのが正しいのではないか。

これは大転換だ。たいていの多神教では長となる神がひとりいて、どこか脇のほうに、酔っぱらい／ワイン／醸造等の神がいる。ニンカシよりも上にエンリルがいた。ハトホルの上にはアメンが、ディオニュソスの上にはゼウスがいた。酔っぱらいの神は、現われてはふざけたり混乱を引き起こしたりするものの、あごヒゲ姿の最高神の、賢明さや偉大な力に結局は従うものだった。酔いは社会の隙間にいるべきものであり、しかもその場所は、なだめられ管理されることが可能なものとされていたのだと、切れ者の神学者でなくともここから解釈できるだろう。

だがヴァイキングの場合、最高神が酔っぱらいの神なのである。この最高神は実際「酔っぱらいの主」と呼ばれている。ヴァイキングにはほかにアルコールの神はいない。オーディンだけだ。なぜなら、アルコールと酔いはヴァイキング社会のなかに場所を見つける必要はなく、アルコールと酔いこそがヴァイキング社会そのものだったからだ。アルコールは権威であり、家族であり、知恵であり、詩であり、軍事であり、運命であった。

禁酒主義者のヴァイキングになるのは相当たいへんだったに違いない。そして、そんな人間が存在していたという記録もない。

さてここで、ヴァイキングの酒の多様性について少しばかり述べるべきだろう。三種類しかなかった。まず右で挙げたワインがあるが、右で挙げたワインはとてつもなく高価で、ほとんど誰も手に入れられなかった。順番で次に来るのは、ハチミツを発酵させて造るミードだ。甘くて結構高価である。ほとんど全員、ほとんどいつも、飲んでいたのはエールだけだった。彼らが飲んでいたエールは、われわれが飲むものより少し強くてアルコール度数が約八パーセント。復元によると、色が濃くて麦芽含有量が多かったらしい。

だがヴァイキングのサーガでは、英雄たちはみなミードを飲んでいる。ミードのほうがかっこよかったからだ。だからこの路線に従い、この時代で自分を君主として確立したければ、ビアホールよろしくミードホールを建てる必要がある。実際にはそこでエールしか出さないとしても、体面のためにミードホールと言いはるのである。ミードホールはとても小さいこともある。一〇フィート×一五フィートの面積しかないこともあった。奥行きが一〇〇ヤードもある巨大なものもあった。『ベオウルフ』で、強大な王になりたいと思ったフロースガールは、ヘオロットを造った。それは黄金と柱をたくさん備えた、誰も見たことのないほど巨大なミードホールだった。

ミードホールは人を君主にしてくれる。というのも、君主が最初にやらねばならないことは、兵たちに酒を与えることだからだ。それは君主たる証しを示す正式のやり方だった。そして反対に、誰かのミードホールへ行ってミードを飲んだら、名誉にかけて相手を武力で守りとおさなければならない。アルコールは文字どおり権力だった。人々はそのようにして忠誠を誓った。ミードホールを持たない王は、金《かね》のない銀行家、本のない図書館だった。

妃《きさき》も必要だ。奇妙に思われるかもしれないが、ミードホールでの宴において、女性はかなり(わずかに従属的な立場であるとしても)重要な部分であったからだ。女性は——ヴァイキングは女性のことを「平和を織る者」と呼んでいたが——宴の形式的段取りを進行する役割で、がさつな雰囲気をやわらげ、女性的な穏やかさを健全なかたちでつけ加えていた。彼女たちはスムブルの計画と運営の任を負っていた。スムブルとは、古代スカンジナビアで酒の出る宴会を意味する言葉である。女性たちは、宴の始まりの部分に参加すらしていた。オーディンに（勝利のために）捧げる杯、ニョルズとフレイヤに（平和と豊穣のために）捧げる杯、および、先祖や死んだ友人たちの魂に捧げるミンニス・エル、すなわち「メモリー・エール」という、最初の三杯の杯をともに掲げたのである。

宴の最初の酒は、形式にのっとって、女王から夫へとふるまわれる。女王は、首にかけた鎖に提げている、小さなふるいをとおしてミード（またはエール）を注ぐ。これはまた、彼女が正式かつ公に、王に忠告できる機会でもある。たいていおそらくは「一気にお飲みなさい」といった単純なアドバイスであったろうが、正式な声明を行なうチャンスでもあった。王が酔ってしまうと、彼女は階級順に兵にも酒をふるまっていき、最後に客たちにふるまった。

実際、ヴァイキング時代において、酒の給仕をするのは女性だけに限られていた。詩のなかで女性は女性ではなく、「酒を給仕する者」と呼ばれていた。詩人志望者のために一三世紀に書かれたマニュアルがあって、そこにはこうある。

女性は、金《きん》や宝石といったあらゆる種類の婦人向け装身具や、彼女が注いだり給仕したりする、エールやワインなどの飲み物の面から表現されねばならない。同様に、彼女が提供するにふさわしい、エールなどを入れる容器の面からも。

だから女性は「エールを与える者」とか「ミードの乙女」とか「ドリンクディスペンサー」とか呼ばれた。あまり紳士らしいとは言えないヴァイキングの頭のなかでは、それが女性のすべてだったからである。こうした遠回しの言い方を採ったのは、彼らがあけすけに言うことを決してしない人々だったからだ。ヴァイキングの詩はすべて、見慣れた事物に曖昧な言葉を与えるという原則の上に成り立っている。だから海は「クジラの飲み物」とか「ロブスターの領域」とか「岸辺で泡立つエール」と呼ばれた。血は「オオカミの温かなエール」であり、火は「家々の破壊」であり、天は「ドワーフの重荷」だった。そのためヴァイキングの詩は愉快にわかりにくいものとなっている。

これはまた、ミードを飲む器がブリムカルダル、すなわち「つや消し《フロスト》ガラスのカップ」と呼ばれていた理由でもある。ヴァイキングは実際にガラス器から飲んでいたからだ。全員というわけではない――ガラスは高価だったから。しかしミードホールにいる王は、現在のわれわれが使っているものとそんなに変わらない、ガラス製のタンブラーを持っていただろう。形やサイズ、色はさまざまだった。* 多少キッチュかもしれないが、現代のテーブルに置かれていてもおかしくない。ヴァイキングがみんなドクロを杯にして酒を飲んでいたとあなたが想像していたなら、かなりがっかりされたことだろう。

ヴァイキングのフロストカップのなかには面白い形のものがあって、考古学者はこれをじょうご《ファネル》グラスと呼んでいる。なぜかというと、考古学者は詩人ではないからだ。ファネルグラスは高

* なぜかはよくわからないが、着色されていたため、一九七〇年代の安物のノヴェルティ・グラスにそっくりだ。

さ五インチほどで、形はあなたの想像どおり。だからテーブルに置くことができない。置けば転んでしまう。酒を一気に飲み干させるための、非常に考え抜かれたアイディアだ。これはヴァイキングにとっては極めて重要だった。一気飲みできるのが一人前の男だったからである。もっと以前からある角《つの》の杯の目的もこれだった。飲み干すことができるかどうかによって、男らしさが試された。

トール（雷の神）とロキ（いたずらの神）が登場する物語がある。ロキはトールに、角杯一杯の酒を飲めるかと言った。挑戦を決して断わらないトールは受けて立った。ロキは角杯をテーブルに持ってこさせ、ほんものの男であれば一気に飲み干せるとトールに言った。トールは角杯をつかんで口元に持っていき、飲んで飲んで飲みつづけ、これ以上はもう飲めないと思ったのに、杯はまだ満杯だった。ロキはがっかりした様子で、普通の男なら二度に分けて飲むと言った。それでトールはもう一度挑んだが、神たる彼の飲みっぷりは、今回も功を奏さない。ロキはぼそぼそと、軟弱者なら三度に分けると言った。今度も同じだった。トールは自分が女々しくて恥ずかしくなったが、ここでロキがネタばらしをした。角杯の底は海につながっていたのだ。トールがあまりに飲みつづけたので、世界中の海面は下がってしまった。ヴァイキングによると、これが潮の干満の始まりである。

酒飲み競争のほかにも、ヴァイキングはものすごくたくさんの自慢話をしている。これは悪いこととは見なされなかった。ヴァイキングの男は自慢するものだった。略奪行為を全部語りたがるものだった。すると別のヴァイキングが、この話を上回ろうとする。悲しいかな、イングランドの沿岸部で、おずおずとレイプしたり恥ずかしげに略奪したりする控えめなヴァイキング、内気なヴァイキングはいなかった。彼らはそうした行為を大声で言い、自慢し、隣のやつよりも俺のほうがもっとすごいと言いたがった。

こうした自慢合戦は、短い話の応酬ではなかった。長い物語であり、詩的な表現で彩られていた。それは現代のラップバトルのような正式の場だった。というかわたしはそう聞かされている。さらに、自慢話をするときはものすごく本気だった。過去の何かについて自分の手柄だと主張するのであれ、まだ計画中のものについてそうするのであれ、自分が言うことは最後まで貫かねばならなかった。われわれがやっているように、あれは酒の勢いだったと翌朝になって言い訳することは許されない。それどころか逆だった。ブラガルフル、すなわち約束のカップと呼ばれる特別な杯がある。何かをやると誓ってあなたがブラガルフルから飲んだら、その誓いはまったく完全に守られるべきものとなる。逃げ場はない。ブラガルフルは運命だ。ブラガルフルの約束をあなたが決して破ることのないよう、聖なるイノシシがわざわざホールのなかへ招き入れられ、あなたはイノシシの上に手を置いて誓いを立てる。それからイノシシは殺される。その魂はフレイヤのところへ飛んでいき、あなたが酔っぱらって立てた誓いの内容を彼女に告げるという。

ヘジンという男が登場する話がある。王の宴でブラガルフルが回ってきたとき、彼はそれを取ってイノシシに手を置き、弟の妻と結婚すると偶然誓ってしまった。あなたもそうなるだろうとおり、翌日彼はびくびくしながら弟のところへ行き、自分のやってしまったことを告白した。弟の返答は、要点を言えば「そうだな、ブラガルフルだ。兄さんはそれをしなければいけない」というものだった。

嘆くな、ヘジン、
ビールで誓ったその言葉は
われらふたりにとって
まこととなるであろうから。

このくだりはわれわれに、むしろ、ヴァイキング社会における女性の価値について教えてくれるかもしれない。ともあれ、弟は二、三日のち、これとは無関係な決闘で死んでしまい、すべてめでたしめでたしとなった。

こうしたことはみな、なぜ女性が「平和を織る者」と呼ばれていたか、なぜ「平和を織ること」が必要だったかを、いくらか説明しているに違いない。ここはひどく荒っぽい社会だった。ホールいっぱいの兵たちが、どんどん飲むようせき立てられ、礼儀として自慢と侮辱を行ない、しかも全員剣を提げていたのである。そのすべてがもたらす結果を最もよく要約しているのが、ヴァイキング／アングロサクソンの叙事詩『ベオウルフ』だろう。ここで詩人はひたすら、ベオウルフがいかに素晴らしい男であったかを語ろうとしている。詩人は彼に対する褒め言葉を惜しまないが、そのなかでもいちばんの褒め言葉は、ベオウルフは「酔っているときに友人を殺すことは決してなかった」というものだ。

ヴァイキングにとって、これは明らかにある種の偉業だった——並外れた偉業であるため、詩に書かずにはいられなかったのである。

スムブルの場には、吟遊詩人や楽士たちもいた。ヴァイキングの考えでは、詩はアルコールの直接的結果だった。それは昔々、神々が戦っていた時代にさかのぼる。やがて和平となり、そのしるしとして神々は釜のなかにつばを吐くことにした。これを聞いてみなさんは、変な話だ、不衛生だと思うかもしれない。だが知っておいてほしいこととして、原始の時代の多くの文化では、大麦の麦芽を噛んで吐き出すことで、発酵させてビールにしていたのだ。

ともかく、釜には神々のつばがたっぷりたまった。するとそこからクヴァシルという男が飛び出した。つばから生まれたなかで最も賢い人間／神である。クヴァシルは気前のいいやつだったので、世界中を旅してあらゆる種類の知恵を人間に教えた。しかしあるとき、ふたりの悪いドワーフに殺されてしまい、その血を釜に注がれた。悪いドワーフはそこにハチミツを加え、できあがったのがオーズレリル、詩のミード〔「詩の蜜酒」「スットゥングの蜜酒」とも呼ばれる〕である。

それから巨人がやって来て、ドワーフからオーズレリルを奪い、山の宮殿へ持っていった。これを聞いたオーディンは、ぜひ飲みたいと思った。だが不運なことに、詩のミードはいま巨人の城にあり、昼も夜も巨人の娘に見張られている。けれどもオーディンはこれを渇望した。そこで、どうしても酒が欲しいときにやることとして、たいへんに例外的なことを行なった。城までトンネルを掘り、ヘビに姿を変えて侵入したのである。

これでオーディンはどうにか巨人の娘のところまでたどり着き、ただちに彼女を誘惑した。ミードを一杯くれたら結婚するとオーディンは彼女に約束した。娘が特別な酒をくれたら結婚せねばならないという、ヴァイキングにしばしば見られた慣習をこれは指しているのかもしれない。ほとんどの結婚は周囲が取り決めるものであったから、この慣習がどれだけ広まっていたのかははっきりしないが、ともかくこれは、酒を受け取った者は酒をくれた者の親類／兵士／夫になるという例のひとつだと言える。

けれどもオーディンは下衆野郎だった。全部（いつもどおり）一気に飲み干すと、ワシに姿を変え、詩のミードをおなかにたくわえたまま飛び去ってしまった。これを見た巨人もただちにワシに変身して追った。

デッドヒートだった。アスガルド〔神々の住む場所〕へ戻ってくるオーディンの姿を見て、他の神々は、オーズレリルを吐き出させる器を用意した。巨人が追いつきそうになったとき、オーディンは急降下して詩を器に吐き出した。だが実際は、あまりに必死で、かつあまりに詩の熱情に燃えていたため、詩のミードをお尻からいくらかもらしてしまっていた。今日にまで至るすべての偉大な詩人たちの才は、彼が器に吐き出したミードのおかげである。駄目な詩人たちは、お尻から出たミードのせいである。ひとつの神話で、シェイクスピアとW・H・デイヴィーズ〔大衆的人気を博したウェールズ出身の放浪詩人（一八七一―一九四〇）〕の両方が説明できるわけだ。

エール

ヴァイキングの生活すべての中心はエールだった。人々はこれをオーディンに捧げた。人々はこれのために生き、詩人はこれに霊感を受け、戦士はこれのために殺した。ある英雄譚に登場する王は、ふたりの妻の嫉妬をなだめるために、戦いから帰ったとき最高のエールを出してくれたほうの妻だけを置いておこうと決める。

　夜が終わるころ、ミードホールはかなりめちゃくちゃな状態になっていただろう。起こるべきことのうち、起こっていないことはふたつだけである。痛飲の結果必ず起こるふたつのことと言えば、嘔吐とセックスだ（同時にではないのが好ましい）。古代エジプト人にとってはこれらこそが重要だった。だがヴァイキングは、これほどたくさんの角杯を空《から》にしておきながら、どちらにも言及していない。* 代わりに彼らは眠ってしまうのだった。

　全員が眠ってしまうまでスムブルの場を上から見守っているという、忘却《オブリヴィオン》のヘロン（どうしてそんな名なのかはわからないが）〔ヘロン・オヴリヴィオンというロックバンドがある〕という名の素敵な伝説の存在がいた。家に帰る者はいなかった。主君のミードホールにずっといて、もう起きていられないとなったら、ベンチでもテーブルでも手ごろな場所を見つけて、横になって眠るのだ。

　これはちょっと危険な瞬間だ。兵が全員酔って眠ってしまい、自衛できなくなっている。『ベオウルフ』には、怪物が夜中ミードホールに入ってきて人々を食ってしまうので、半分しらふでいつづける方法を主人公が考え出すというくだりがある。

　公正を期すために言えば、怪物に食われるリスクは統計学的に無視してよいであろうが、焼き

＊　オーディンの嘔吐は、エジプトの宴の女性たちのそれよりも、母鳥がヒナに餌をやるときの吐き戻しに似ているように思う。

殺される可能性はおおいにあった。伝えられるところによると、八世紀のスウェーデンにインギャルドという王がいた。彼は戴冠式に、周辺の王全員を招待した。ブラガルフルが回ってきたとき、彼は、自分の領地を全方向に半分ずつ拡張してみせると誓った。全員酒を飲んだ。全員酔っぱらった。忘却のヘロンは、安らぎをもたらす仕事をやり遂げた。全員が眠りに落ちるとインギャルドは外に出て、扉に錠をかけると、王たちもろともミードホールを焼き払ってしまった。

この一回かぎりだったと言いたいところだが、そうではなかった。全員閉じこめたままミードホールを焼き払う話はほかにもそこそこ残っている。王に対して女王がこれを行なったという話さえある。そりゃあるだろう。

だが、あなたがヴァイキングであるならば、死ぬのはそんなに悪いことではない。彼らはむしろそれを楽しみにしていた。死ねばヴァルハラに行くことができる。ヴァルハラは長いパーティー、永遠に続くスムブルだった。そこにはワインに狂ったオーディンがいる。メモリー・エールを捧げた旧友たちがいる。強くて美味なミードが永遠に流れ出す乳房を持つ聖なる雌ヤギ、ヘイズルーンがいる。そこはヴァイキングのパラダイスだ。そしてヴァルハラでは、永遠に酔っぱらっていられるのだった。

12 中世のエールハウス

われわれはみな中世のタヴァーン〔tavern 酒場のこと。詳細は後述〕についてイメージを持っている。そのイメージがどこから来ているかは神のみぞ知る。リチャード一世〔在位一一八九―一一九九〕の時代、シャーウッドの森から抜け出しては村のイン〔inn 酒場のこと。詳細は後述〕へとやって来た、ロビン・フッドと愉快な仲間たちの映画から来ているのかもしれない。そこでは赤ら顔の田舎のおじさんたちが集まって、泡立つタンカード〔大ジョッキ〕を豊満な女給から手渡され、「ほんもののイングランドのエール」をぐいぐいと飲んでいる。想像力がちょっとばかり豊かな人は、女給をもっと豊満にし、仲間たちをもっと愉快にしているだろう。隅っこにはフィドル奏者がいて、外では小綺麗に描かれた看板が夜風に揺れていた。

以上のどれも、実在してはいない。

その理由を説明するにはまず、先ほどの段落でわざとごちゃごちゃにした、いくつかの用語について説明する必要があるだろう。現在では、バーには「シップ・イン」〔Ship Inn〕と命名してもいい。「シップ・タヴァーン」〔Ship Tavern〕でも「シップ」〔Ship〕でもよい。どれにしたところで誰も気にしない。だが中世の人々にとって、そしてその後一八世紀後半に至るまでずっと、インとタヴァーン、エールハウス〔alehouse〕には、極めて明確な区別があった。

イン

インはホテル、それもかなり高いホテルだった。定義上、宿泊のための部屋と、ウマを預かる馬小屋があった。旅行中の貴族はインに泊まった。商人など、お金のある者たちはみなそうだった。貧しい者はたいてい入れてもらうことさえできなかった。これは品格を上げるためであり、また、インの価格構造が特殊なせいでもあった。部屋自体は実は簡素なもので、インの主人は、美味しい食事やワイン、洗濯、ウマの世話などによる追加料金でお金を儲けていた。

村のインなどというものはなかった。村のグランドホテルというものがないのと同じだ。大きな町、というよりも都市にだけインはあった。市場が立つような広場に面した堅固な建物で、通常大きな中庭があった。裁判が開かれることもあったから、はっきり言って、ロビン・フッドがインに現われるとしたらそのときだけだったろう。

ロンドン周縁では、インはややみすぼらしくなる。ロンドンの市門は夕暮れ時には閉まってしまうので、それより遅く到着した旅行者は、市壁の外で夜を明かさねばならなかった。熱心な教師から、英文学はパブで始まったと教わった人もいるだろう。『カンタベリー物語』のオープニングの舞台が、ロンドン・ブリッジのすぐ南にある「タバード」〔Tabard「陣羽織」とも訳される〕という店だからだ。だがタバードはパブではなくインである。しかも、予告なしに訪れた巡礼者二九名とウマがすぐさま宿泊できるようなインであり、「部屋も厩舎も広く、／わたしたちは最高のもてなしを受けました」とチョーサーは書いている。主人はハリー・ベイリーという名で、タバードの実在のオーナーだった。この作品を読む人の多くは、彼を気さくなバーテンのような人物として思い描く。だがそうではなかった。ハリー・ベイリーはインの経営者だった。つまり、非常に裕福な実業家だったのである。彼は議員でもあり、導入されたばかりの人頭税の徴税人でもあった。

英文学はパブから始まったのではない。ホテルから始まったのだ。

タヴァーン

タヴァーンではワインが売っていた。ワインは輸入品だから、とても、とても高かった。ざっくり言って、タヴァーンは現代だとカクテルバーにあたる。そして、村のカクテルバーなどというものは存在しない。

タヴァーンはちょっとばかりお金を見せびらかしたいお金持ちのための場所だった。ということはロンドンに住むほとんど全員が対象だ。またそれゆえ、タヴァーンにはかなり堕落した面もありえた。ここには娼婦やギャンブラーもいた。定義上、ワインのある場所には他の罪深い贅沢もありうるからだ。

テューダー朝時代〔一四八五―一六〇三〕のタヴァーンの見事な全体像を、われわれはシェイクスピアの作品から知ることができる。フォルスタッフは時間とお金のほとんどを、イースト・チープのタヴァーン「ボアーズヘッド亭」〔Boar's Head Tavern〕で費やしていた。フォルスタッフはしばしば誤解されている。彼と仲間たちは、最も貧しい最下層の人間だと思われがちだ。だがフォルスタッフが飲んでいるのはサック酒——現在シェリー酒と呼ばれているもの——で、シェリー酒はポルトガルからの輸入品であり、テューダー朝イングランドにおいて最も高価な酒だった。現代で言えば、シャンパンしか飲まないと決めているようなものだ。確かにクイックリー夫人〔ボアーズヘッド亭の主人〕の店はいかがわしいが、安くはない。ある箇所でシェイクスピアは、フォルスタッフはサック酒に通常一日で六シリングほど費やすと明かしているが、これは当時の肉体労働者が一週間で稼ぐ額のおよそ二、三倍にあたる。たとえをさらに続けると、現代であればフォルスタッフは、ラップダンス〔lap dance 席に座っている男性客の膝の上で、店の女性が身体をくねらせるダンス〕が行なわれているけばけばしいバーで、シャンパンをがぶ飲みしているといったところだろう。

かなりの確信をもって言うが、シェイクスピアはワインを飲んでいたに違いない。彼の作品は一〇〇箇所以上でワインやサック酒に言及しているが、エールへの言及箇所は一六箇所しかないのだ。彼の考え方からもそれはわかる。メタファーを口にするとき、たとえば「人生の澱《おり》」〔dregs of life〕といった言葉が出てくる。シェイクスピア作品において、エールを飲んでいると言ったらそれは侮辱だ。以上のことは、シェイクスピア自身の飲酒について、ごくわずかながら知られている事実とも一致する。タバード・インの羽目板にはシェイクスピアの名前が刻まれていたそうだから、彼がこの店で飲んでいたことは確かだ。「マーメイド・タヴァーン」〔Mermaid Tavern〕

や、オックスフォードのイン「ゴールデン・クロス」〔Golden Cross〕を訪れていた可能性も高い。だがとても上品な飲み方だったらしい。

残念なことだ。文豪たちも、下々の者たちと肩を組んで千鳥足でパブから出てくるような気さくな人間だったと、われわれは思いたがるものだから。ものすごくたくさんのパブが今日、ジョンソン博士〔作家・辞書編纂者のサミュエル・ジョンソン（一七〇九―一七八四）のこと〕からの次のような引用を、店内に掲げている。「よいタヴァーンやインほど多くの幸せを生み出してくれるものを、人類はいまだほかに考案してはいない」。

ジョンソン博士が何を言おうとしていたか、われわれにははっきりとわかる。彼が書いた辞書のなかでは、先にわたしが挙げた定義がいまだ力説されていたのだから。ジョンソン博士は、第三の飲酒施設を明確に除外していた。それは現代のパブの前身にあたる、エールハウスのことである。

エールハウス

さて、これらすべてを頭に入れた上で、リチャード獅子心王〔リチャード一世のこと〕の時代、ロビン・フッドと愉快な仲間たちが、村のエールハウスに到着するシーンへと戻ろう。

やっぱり実在しない。

西暦一二〇〇年のイングランドには、パブのようなものはなかった。そもそも村に飲酒施設などなかった。奇妙に思えるかもしれない。パブのないイングランドを想像するなんて、ウォッカのないロシアを想像するようなものだ（当時ロシアにウォッカはなかったが、この話には別の章で戻ろう）。パブはなかった。なぜなら、必要がなかったから。

可笑しなことだが、考えれば考えるほどパブの目的はわからなくなる。酒を飲む場だとあなたは言うかもしれないが、酒はどこでだって飲める。そして実際中世の人々は、どこでも、どこででも酒を飲んだ。仕事中にも飲んだ。ビューリュー修道院〔イングランドのハンプシャー州にある修道院〕の修道士は、一日通常一ガロンのエールを割り当てられていた。だが仕事中に飲むのは修道士に限らなかった。報酬に含まれていることも多かった。たとえば荷馬車の御者は、三パイントのエールといくらかの食べ物が賃金に組みこまれていた。領主は土地を耕す者を雇ったら、酒を与えねばならなかった。生活はそのようにして回っていたのである。酔っぱらいはしなかった。畑で一日労働しながら数パイント飲んだところで、酔ったりはしない。その代わり栄養になる。何といってもエールは、液体のパンなのだ。

人々は教会でも飲んだ。中世の村の教会は、礼拝の場というよりはコミュニティセンターだった（日曜日にちょっとばかり礼拝がある）。人々は教会の庭でフットボールをし、ホールで歌を歌った。祝祭日に、聖名祝日〔自分の洗礼名となっている聖人の祝日〕に、結婚式に、洗礼式に、葬式に、しばしばエールはふるまわれた。よいお葬式ではお楽しみが満載だった。ウィンチェスター司教が一三一九年に埋葬された際は、一〇〇〇ガロンのエールが貧者たちにふるまわれた。これは極端な例だが、教会で酒をせびる機会は結構あった。

そして何よりもまず、中世のイングランド人男性は家で飲んだ。中世のイングランド人女性も、中世のイングランド人の子どももそうだった。水はまだかなり危険で、非常に貧しい者たちの飲み物だった。数章前に引いたエルフリクスのルール、「あればエール、エールがなければ水」は、いまだ有効だった。そして誰もがかなりエールを飲んでいた。エール造りの工程はかなりシンプルだ。大麦と水だけ。あれば少々スパイスを入れる。男が畑仕事をしているあいだに、妻が醸造していたものだった。

　古代メソポタミアでそうであったのと同様、醸造は女性の仕事だった。妻は料理をし、掃除をし、子どもの面倒を見て、さらに醸造と糸紡ぎもすることになっていた。羊毛を紡いで糸にし、布を織ることと、エールを醸造することは、臨時収入のもとにもなりえた。夫のために布を織り、服を仕立てたあと、余りがあれば売ることもできた。これはまた、中世の標準的な独身女性が収入を得ることのできる、ほぼ唯一の方法だった。そしてこれはあまりに当然のことだった。今日に至るまで未婚女性がスピンスター〔spinster〕と呼ばれるのはそのためである。この文脈において「-ster」は、女性を表わす接尾辞であることに注意されたい。糸紡《スピン》ぎを行なう男性はスピナー〔spinner〕と呼ばれる。だが男性は糸紡ぎをしなかった。同様に、醸造《ブルー》を行なう女性は〔ブルーアー（brewer）ではなく〕ブルースターと呼ばれ、この名はいまも残っている。*

　利益を求めて醸造を行なう女性は、エールワイフ〔ale-wife〕とも呼ばれた。中世のエールは保存可能期間が極めて短い。二日か三日で悪くなってしまう。家族の必要ぶんより多く醸造してし

* 不思議なことに、近現代の英語では「-ster」が女性接尾辞であることは忘れられ、「-ster」で終わる言葉はみな犯罪者的な人を表わすものになっている――ギャングスター〔gangster〕、モブスター〔mobster〕、ヒップスター〔hipster〕、ポルスター〔pollster（世論調査員）〕。

まったとき、エールワイフは家の玄関前に、エール棒《スティク》を水平に掲げた。端っこに小枝を結んだだけの棒である。そして家の外に樽を置き、酒瓶と小銭を持ってきた者に中身を売った。買った者はそのままふらりと職場へ行って飲んだり、家や教会で飲んだりした。余分に醸造したぶんが全部売れると、エールワイフはエール棒をしまって、また醸造を始めるのだった。

一四世紀初めごろまで、ずっとこんな感じだったのだが、突然いくつかのことがいっぺんに起こった。まず、人々は教会で飲まないようになった。それは人々が教会で飲むことを好まないようになったからではなく、人々が教会で飲むことを教会が好まなくなったからだった。サイモン・ランガムが一三六六年にカンタベリー大司教になって初めてやったことは、「慈善スコットエールという名を騙って広く行なわれている飲酒の会」に出席した者は、破門に処すと警告することだった。

ふたつめのこととして、農場経営の方法が変化した。昔々、貴族は人を雇って土地を耕していた。だが一四世紀になると、区画を小作人に貸し出して耕作してもらったほうが簡単だと気がついた。すると、よいエールワイフのいない小作人は、エールを買いに行かねばならなくなる。エールワイフたちにとっては朗報だ。のどの渇いた小作人は、労働の終わったあとにエールを求めに行く。そして彼らにはまた、座って飲む場所も必要だった。そこでエールワイフは人々をキッチンに入れた。こうしてパブが生まれたのである。

最後の点として、ビールが発明された。この章でここまでわたしが語ってきたのは全部エールのことだ。エールは大麦と水で造られる。材料を聞くとあまりよさそうではない。栄養は？　ある。アルコールは？　ある。美味しくて混じりけがなくてシュワシュワしてスカッとする？　しない。いろいろなかけらの入ったどろどろしたものだった。味をよくするためにはハーブやスパイスを加えるしかなかった。特に好まれたのはホースラディッシュである。でもそれは単なるごまかしだ。まずいものをどうにか飲めるようにしたに過ぎない。

そこへホップが登場した。この場合のホップとは、ホップという植物の毬花《きゅうか》の部分のことで、これをエールに加えるとビールになる。ヨーロッパ大陸ではずっと前から使われていたが、イングランドは遅れていた。まずロンドンに到着し、それからゆっくりとイングランド全土に広まっていった。変化を拒む人たちもいた。ランカシャーでは一七世紀半ばまでエールが飲まれ、コーンウォルでも長く飲まれた。これについての詩がある。

おいらはコーンウォルっ子、エールを造る
エールはクソになり、ゲロになる
濁ってドロドロだけど水っぽい、
ブタが取っ組み合ったあとの水たまりみたいだ。

ほとんどの人々は、ホップの効いたビールのほうを好んだ。そしてビールにはもうひとつ、エールよりはるかに優れた点があった。悪くならないのだ。一年ぐらいはもつし、樽がしっかり封をされていれば、味も落ちない。

そのためビールは大量生産できた。大きな町には必ず醸造所が建ち、美味しいビールがたくさん造られて、地元のエールハウスに売られた（あのひどいどろどろのものが忘れられたあとも、エールハウスの名で呼ばれていた）。醸造所はビールを漉して、さらによい製品にした。所有者も従業員も男性だった。エールワイフは職を失ったかのように見えたが、そうではなかった。エールハウスの営業を続け、ビールを買う側に回ったのである。

パブ訪問

さて、われわれは一五世紀末ごろの旅行者だとしよう。のどが渇いたので村に立ち寄って一杯やることにする。どんな感じだろうか？

まずはエールハウスを見つけねばならない。エール棒がまだ目印として使われていた。パブの看板（そしてその延長としてのパブの店名）が現われるのは、一五九〇年代のことである。インは何世紀も前から看板と店名を持っていた。インはおしゃれだったから、パブもこれを真似たわけだ。だが現時点ではわれわれは、端っこに小枝の結ばれた棒が、玄関先に水平に渡されている場所を探すことになる。もうひとつ目印になるのはエールベンチだろう。エールベンチというのはご想像のとおり、戸口のすぐ横に置かれていて、天気のいい日にはそこに座って飲むことができるベンチだ。店の周りではまた、何人かの人たちがお金を賭けつつ、ゲーム――ボウリングは特に人気があった――をやっているかもしれない。

ドアは開けられている。これは厳冬期を除き、法的に義務づけられていた。* とおりがかった役人が、わざわざ店内に入るという不名誉を犯すことなく店内を覗いて、よからぬことが起こっていないか確かめられるようにである。かなり風が入ってきたに違いないが、寒さとすきま風は中世の生活では当たり前のことだった。何しろガラス窓が普及する前の時代なのだから。どこにいても寒かった。実際、エールハウスに行くことの大きな利点のひとつは、いつも火が燃えていたことだった。中世の小作人の多くは、自分の家でそんな贅沢はできなかった。

現代のパブとの違いとしてわれわれが最初に気づくのは、バーカウンターがない点だろう。われわれのよく知る、そして愛してやまないあのバーカウンターが登場するのは、一八二〇年代になってからだ。ここはパブには見えない。誰かのキッチンのようであり、実際、基本的にそうなのだ。部屋のどこかにビールの樽が置かれている。スツールやベンチがいくつか、それとおそらく架台式のテーブルがひとつかふたつ。設備は全部合わせても数シリングぐらいの価値しかない。ここは誰かの家だ。でも公共の場である。

われわれがいるこの家の主は、まず間違いなく女性である。自分でエールを醸造しているのであれ、ビールを買い入れているのであれ、これは圧倒的に女性の職業だった。もちろん結婚しているかもしれない。その場合、エールハウスの法的所有者は夫である。夫は外で仕事をしていて、妻は副収入を稼いでいるわけだ。店主が未亡人だというのもおおいにありうる。エールハウスの経営はいまだ女性が稼ぐ数少ない方法のひとつであり、年金のない時代、エールハウスの営業許可は、同情からしばしば未亡人に与えられていた。そうでなければ未亡人は教区に頼るしかなく、

＊　エールハウスに関する全国的な法は一六世紀半ばまでなかったが、ほとんどの地域の治安判事が、似たような規則を適用していた。

教区にとってこれは迷惑なことだった。

われわれが入っていっても、店内は静まりかえったりしない。旅行者はエールハウスでは当たり前の存在だった——旅行者目当てだったと言ってもいい。エールハウスの営業許可を申請する人々の多くは、のどの渇いた旅行者がたくさんいて、地域のエールハウスの数が十分ではないと述べている。

エールハウスにはどんな人々がいたか、かなりのことがわかっている。歴史家にとって犯罪は素晴らしいことだ。なぜなら、犯罪が法廷で裁かれるとなると、証人の名前が全部、職業と出身地とともに残されるからである。だからエールハウスで犯罪が起これば、ちょっとした記録が残されるわけだ。すると数学的に奇妙な事実がわかる。たとえば、客は一度にだいたい一〇人おり、五パーセントは女性なのである。

実際、女性は通常グループでエールハウスを訪れていた。ひとりで行くと噂になる。だが、まともなご婦人の集団客は、やましいものとは見なされなかった。デートでエールハウスに行くこともあった。交際中だと知られているカップルであれば、一緒に飲みに行くことはまったく普通で、まともなことだった。

ここで「まともな」というのは相対的な意味である。エールハウスは社会のなかでも、最も貧しい者たちのための場だった。自作農など、少しばかり暮らし向きのいい人たちはまだ、家で飲んでいた。エールハウスは逃避の場だったのである。使用人と恋人たちは同じ理由でここへ来た。そこは人類学者の言う「第三の場」だった。上司に従わなければならない職場とは違う。親や配偶者に従わなければならない家庭とも違う。それゆえここにはティーンエイジャーもたくさんいた。中世イングランドは、未成年の飲酒に関わる法の存在しない楽園だった。

日曜日でないかぎり、人々はそんなに酔っぱらいはしなかった。われわれが通常金曜の夜を飲酒機会と決めているのと同様、中世の人々は日曜の朝に酔っぱらった。考えてみれば、一日中酔っていられるのだから理にかなっている。だがこのことは、日曜の朝の行き先をめぐり、エールハウスと教会のあいだで絶えず争いが起こることを意味していた。たいていエールハウスが勝利した。スタッフォードシャーで、怒った教区司祭がエールハウスから貧民たちを追い出そうとしたことがある。その結果彼は、「帽子を放り上げ、汝の背嚢もろとも立ち去れと怒鳴る」群衆に追いかけられることとなった。

さて席に着いた。女主人が陶器に飲み物を注いでくれる。器の内側は黒く塗られていることが多いが、心配はない。量をごまかすために塗られているだけだ（これまた古代メソポタミアにまでさかのぼることのできる点である）。それからおしゃべりをする。エールハウスに着いた新顔に対する標準的な挨拶は、「何かニュースは？」というものだ。新聞もなければもちろんテレビもない時代、旅行者は、世の中で起こっていることについての重要な情報源だった。王様は誰？　いま戦争中？　侵略された？　実際エールハウスは、まったくのデマを広める源だという悪評が立っていた。一六一九年には、スペイン軍がドーヴァー城を占拠したというニュースでケント州全土がパニックになった。また非常に不思議なことに、レスターのエールハウスで飲んでいた者たちは、エリザベス一世が逝去したというニュースを、実際に亡くなる四八日も前に聞いていたという。

というわけでおしゃべりをし、酒を飲む。日曜を除き、一回およそ三パイント飲むのが標準だ。

ゲームをし、賭け事をする。終わりに払う請求額はどんどんかさんでいく。地元の人間であれば何週間もツケで飲んでいられる。または、何かと交換で払うことになる。一パイントと交換できるものなら何でもいい。たとえばニワトリとか。これは便利なやり方だが、犯罪という視点から見ると問題がある。旅行者としては、次に立ち寄ったエールハウスでビールと交換するために、ニワトリを盗むしかないからだ。

そしてすべての夜がそうであるように、夜がすっかり更けてしまうと、地元の人々は地元の家々へと千鳥足で帰っていく。われわれは、ちょっとお金を払えば、店のベンチで眠ることができる。もう少し払えば、店主夫妻と同じベッドをシェアできる。あるいはシェイクスピアからヒントを得てもいいだろう。彼の作品で唯一エールハウスを舞台にしているシーン、『じゃじゃ馬ならし』の冒頭で、ビール代を払えず店から叩き出されたスライ氏は、路上で眠ってしまうのだった。

13　アステカ

アステカ王国に酒があったことはわかっている。彼らがそれを嫌っていたことも、それを飲んでいたこともわかっている。そこで話は少々ややこしくなる。

アステカ族が造っていた酒は「プルケ」*である。ビールやシードルくらいの強さの、やや粘性のある白くて面白い酒だ。リュウゼツランの樹液を発酵させて造られ、結構からだにいい。ビタミンやらカリウムやらあれこれ入っている。栄養たっぷりで、「プルケはあと少しで肉」だと昔から言われている。だから妊婦がプルケを飲むことになっていたというのも、それほど驚くようなことではない。ふたりぶん飲んでいたのだ。

だがアステカ族はプルケにあまりいい顔をしなかった。ある王は戴冠式にあたり、以下のような声明を出している。

* ナワトル語（メキシコ中部で用いられる言語で、アステカ王国の言語）では「オクトリ（octli）」というが、スペイン人はこの語をしばしば原住民のワインの意味で使った。混乱を避けるため、本書ではプルケと呼ぶことにする。

余が第一に命ずるのは、泥酔を避けることである。プルケを飲んではならない。それはヒヨス〔向精神作用のある毒性の植物〕のごとく人を理性から引き離す。（中略）このプルケと泥酔は、あらゆる町、あらゆる王国における、不和と衝突、暴動と騒乱の原因である。つむじ風のごとくすべてをひっくり返し、混乱させる。呪わしい嵐のごとくありとあらゆる悪をもたらす。不貞、強姦、娘たちの堕落、近親相姦、盗み、罵り、偽証、不平、中傷、騒動、口論の前には、必ず泥酔がある。これらのことはすべて、プルケと泥酔によって引き起こされるのである。

以上はプルケを推奨する文言とは言えないが、プルケを飲むこと、プルケで泥酔することが、広く行なわれていたことを示唆している。とても奇妙なことだ。なぜなら、この文言を記録した同じ歴史家によれば、プルケは実質的に非合法だったのだから。

アステカ族に関わる歴史を書く際の問題のひとつは、文字資料がほとんどないことである。アステカ族は独自の文字体系を持っていたが、ありがたいことにスペイン人が、手の届く文書すべてを焼いてしまった。文化を完全に破壊し、文書を焼いてしまったところで、スペイン人はようやく調査の必要性を見出した。調査の先頭に立ったのはベルナルディーノ・ディ・サアグンという修道士だ。先に引いた王の声明を記録したのは彼である。しかし彼はまた、次のようにも記録している。

プルケを飲むのはすでに老齢になった者だけだった。しかも彼らはこっそりと少量を、酔わない程度に飲んでいた。泥酔した者が公共の場に現われたり、飲酒しているところを見つかったり、路上でろれつの回らない状態になっていたり、歌いながら、または他の酔っぱらいたちと一緒にうろうろしていた場合、その者は罰せられた。平民であれば、若者たちが泥酔を避けるよう見せしめとして、(その地域の)若者たちの前で殴り殺されるか、絞殺された。貴族の場合は、人目にさらされない場で絞殺された。

絞殺されるとき人目にさらされないことが、どのぐらいの快適さにつながるのかわたしにはわからないが、たぶんなにがしかの快適さはあるのだろう。この記録は大げさなのではないかと思う人もいるかもしれないが、サアグンが誇張していないことはほぼ間違いない。アステカ族はとてつもなく血に飢えた民族だった。われわれが不健全だと見なすような、人身御供の儀式に熱中していた。不貞行為もまた、社会的地位のいかんにかかわらず、同じような死刑制度の対象となっていた。男性の場合は頭を石でかち割られ、女性の場合は絞殺されたあと、頭を石でかち割られた。さらにメキシコの別の都市にも、泥酔に関する法があったことがわかっている。アステカの主要都市テノチティトランの北東にあった都市、テスココは、一時期、ネサワルコヨトルという人物に統治されていた。彼は風変わりな王で、われわれの理解の及ばぬ神のために彼が建てた神殿は、まったくのからっぽだった。ネサワルコヨトルは飲酒に関する法を発布した。飲酒した神官は死罪。政府役人も死罪(ただし何のスキャンダルも付随していない場合は、職や肩書き等をすべて剥奪するにとどめる)。飲酒した平民は、初犯の場合は軽く済む。ええと、「軽く済む」というのはこの場合、嘲笑する公衆の面前で頭を剃られるということだ。でも縛り首にはならない。そうなるのは再犯のときだけだ。この点でネサワルコヨトルは、相対的に言って寛大であった。

しかし飲酒がそんなに、そんなに非合法だったとしたら、アステカ文化のなかで中心的な位置を占めることなどできただろうか？　できた。酒の神々もいた。いくつか挙げておこう。リュウゼツランの女神マヤウェルは、発酵の神パテカトルと結婚していた。マヤウェルには四〇〇の乳房があった。これはパテカトルにとってたぶんうれしいことだったろうが、実際的な役にも立った。彼女は四〇〇羽のウサギ、すなわちセンツォントテチティン〔酩酊の神々だが、この名は文字どおりには「四〇〇羽のウサギ」を意味する〕を産んだのだから。

四〇〇もいた理由は、アステカ族が二〇を単位として数を数えていたからである。四〇〇は二〇の二乗だから、われわれの文化における一〇〇（一〇の二乗）と同じようなものだった。ウサギだった理由はわからない。無分別だからかもしれないし、多情だからかもしれないし、単純に可愛いからかもしれない。だがこのウサギたちはアステカの宗教において重要で、その神官は非常な高位にあった。忘れられた些末な神々などではなく、中心的な神々だったのだ。

だが彼らの表わすものは、死の痛みをもって禁じられたものだった。

ただしここでも矛盾を考慮に入れねばならない。そしてこれまたわたしのせいではない。きちんと記録する前に文化を破壊してしまったコンキスタドールのせいである。アルコールはお年寄りにとっては合法だった。どのくらい年寄りであればよかったのかは誰にもわからないが、たぶん年を取って、皺が寄って、引退している必要があったろう。労働者として役に立たなくなり次第、思う存分酔っぱらえるというわけだ。

サアグンは、つまりあの恐ろしい刑罰のあれこれを記述したのと同じ歴史家は、アステカの名づけの儀式（実質的に洗礼式）を次のように記述している。

夜、年老いた男女が集まってプルケを飲み、泥酔する。必ず泥酔するようプルケの大きな瓶が彼らの前に置かれ、給仕係の者がこれをカラバッシュ（ウリの一種）の器に注ぎ、順に一杯ずつ飲ませていく。（中略）そして給仕係は、客人がまだ酔っていないと見ると、今度は逆方向に、低い位である左側から順にもう一度飲ませていく。酔っぱらうと彼らは歌った。（中略）歌わない者たちはえんえんとしゃべり、笑い、冗談を言った。少しでも可笑しなことを耳にするたび、彼らは大爆笑した。

というわけで、繰り返すが、酒はえげつなく禁止され、死刑の対象となっていた。酒はどこにでもあった。酒は崇められており、文化と宗教の中心だった。酒はお年寄りにとっては合法だった。この並列ぶりに歴史家たちは困惑し、実際、アステカで完全に合法だった最高級の幻覚剤、テオナナカトル〔幻覚性のキノコ〕を服用したのではないかと考える傾向もある。*

けれども、すべてのつじつまが合う理論が存在する。飲酒研究をしている人類学者たちは、「ウェットな文化」と「ドライな文化」との区別を立てている。ウェットな文化はアルコールにものすごく寛容だ。一日中ちびちびやって愉快に過ごし、ぶっ倒れるほど酔っぱらうことはほとんどない。

ドライな文化はその反対だ。ドライと言っても、アルコールが禁じられているという意味では

* とはいえこれにもやはり困惑させられる。テオナナカトルは食事の直前に服用されていたらしいが、その後トリップ状態が何時間も続き、しかも嘔吐を誘発するのだ。食卓のナプキンにとってはありがたくないものだろう。

ない〔英語のdryには「酒がない」「禁酒の」といった意味がある〕。アルコールに対してひどく用心深く、どういうときには飲んではいけないか、厳密なルールがある文化のことである。許可されている場合はおおいに酔っぱらう。

典型的なウェットな文化は南ヨーロッパだ。イタリア人は、平日の昼間にリモンチェッロを少しばかり飲むことについて、何とも思わないだろう。北ヨーロッパの文化は午前中まったく酒をやらず、金曜夜におおいに飲むという点でドライである。かくしてこの両者は、それぞれ「コンチネンタル・スタイル・ドリンキング」と「ビンジ・ドリンキング」〔binge drinking 暴飲のこと〕と呼ばれることもある。

スペイン人コンキスタドールは、当時からすでにウェットだった。ワインが好きで一日中飲んでいるが、酔いつぶれることはほとんどない。アステカ族は、この理論に従えば、ドライだった。ほとんどの日においては、酒に触れることも許されない。先に列挙した法が適用されたのはそうした機会においてである。だが宗教的祭日には――たとえば、四〇〇羽の酔っぱらいウサギに捧げられた日には――べろんべろんに酔っぱらう。宗教的に、この世の終わりかというくらいに酔っぱらうのであり、そして彼ら以前の人々、古代エジプトや古代中国の人々と同様に、彼らはアルコールを用いて神を体験した。

そしてその後は何か月も、まったく酒を飲まずに過ごすのである。

このシステムは非常に上手く行くはずだ。誰かがはるばるやって来て征服し、宗教暦を破壊してしまわないかぎりは。だがそれこそがまさにアステカの人々に起こったことだった。金曜日にはビンジ・ドリンキング、月曜日にはしらふという具合にしていれば、ドライな文化は上手く回っていくものだが、そのためにはきょうが何曜日かということを、誰かが知っている必要がある。宣教師たちが手を引くころには、この重要な知は失われてしまっていた。

その時点でアルコール依存症は蔓延している。スペイン領メキシコではまさにそれが起こった。カトリックの宣教師たちは、悪魔が原住民をアルコール依存に追いやったのだとの説を立てた。よきクリスチャンにさせまいとしたのだと。けれどもその正反対だった。ルールがゆるめられたこと、キリスト教によって社会が混乱したことにより、被征服民たちはプルケを手放せなくなったのだった。

このことは、コロンブス以前の他のアメリカ先住民の酒飲みについて、われわれが知るわずかばかりのこととも合致する――われわれはわずかしか知らず、しかもそのわずかな事実は、何千、何万マイルにもわたって散らばっている。だがたとえば、エクアドルのズンバグアの住民は、先祖の霊と交信するために酒を飲んでいた。そして実際、飲みすぎて戻した吐瀉物は、死者の霊の食べ物になると信じられていた。

そして古い文化は、決して完全に破壊されたりはしない。今日もなおメキシコには、「四〇〇羽のウサギのように酔っぱらう」という言い回しがある。

14　ジン狂い時代

マダム・ジニーヴァ

マダム・ジニーヴァ〔Madame Geneva〕はジュネーヴ〔Geneva〕とはまったく関係ない。英国のジンの女神であり、その点で、スイスにあるどんなものよりも面白い。彼女の名前は、ジュニパー〔セイヨウネズ〕を意味する古フランス語、**genevre** から来ている。この語がオランダ語に入って **jenever**〔イェネーヴァ〕になった。それはジュニパーを意味すると同時に、ジュニパーによって風味づけされる透明な蒸留酒のことも意味していた――すなわち、われわれが今日「ジン」と呼ぶものである。

この興味深いレディの絵は、ほとんど残っていない。これは不思議なことだ。当時彼女はかなりの有名人だったのだから。詩人たちはこの偉大なレディに対し、『マザー・ジン――非喜劇的田園詩』〔*Mother Gin: A Tragi-Comical Eclogue*〕（一七三七）といったキャッチーなタイトルの詩や戯曲を捧げたし、彼女の葬儀は大群衆の前で何度も行なわれた。彼女は「同性の者たち、しかも一線級の者たちからも極めて高く評価されていて、彼女たちの最も私的な部屋にまで招き入れられ、このか弱き側の創造物［女性のこと］に不幸にも付随する、失望や苦痛をすぐさま和らげてくれる」社交界の名士であり、フェミニズムの英雄だった。

これは、「彼女の友人ではない者たちからは、低い身分や低い家柄の人間を表わす「糞の山から出てきた者」という表現でしばしば非難されるほどに、非常に卑しくて怪しげな生まれ」の女神にとっては、相当大したことである。少なくとも『マザー・ジンの生涯――彼女の行動と見解との真正かつ正確な関係』（一七三六）は、彼女の家系についてそう書いている。だが実際は、彼女の家柄はものすごく古くまでさかのぼるのだ。

蒸留酒の歴史

蒸留酒の歴史は非常に厄介だが、ここでざっと要約しておくべきだろう。答えるべき問いがいくつもある。

1　いつ蒸留は始まったのか？
2　いつアルコールが蒸留されたのか？
3　いつ人々は、蒸留したアルコールを飲もうと考えたのか？
4　蒸留したアルコールが大量生産され、一般の酒飲みにも手が届くようになったのはいつか？

ざっくりと答えるなら、二〇〇〇年以上前の古代ギリシアの人々には、間違いなく蒸留の知識があった。だが彼らがアルコールを蒸留した証拠はない。その代わり彼らはこの発明を、飲料水作りに無駄遣いしていた。

アルコールの蒸留を発明したのは、一〇世紀の北アフリカにいた複数のアラビア科学者だと、ほとんどの学者たちは考えている。だがアラビアのこの人々は化学者だった。彼らが興味を持っていたのは化学であって、（必ずしも）酔うことではない。これについてはいろいろ議論があり、なかには、アブー・ヌワース（10章参照）が言及していた酒は蒸留酒だと考える人たちもいる。だが誰もほんとうのところはわからない。確かなこととして、アフリカでもヨーロッパでも、蒸留がただちに広まることはなかった。

その後、期待の持てそうな事例が、次から次へと登場する。それらは蒸留酒のように思えるが、たぶんそうではない。たとえば一二世紀、イングランドのヘンリー二世軍の兵士が、アイルランドの修道院を喜々として略奪していたとき、飲み物の入った樽を見つけた。その飲み物は喉を焼きつかせ、あっという間に彼らはへろへろになってしまった。これは蒸留酒のように思えるし、その可能性はある。何といっても修道院は、科学と酒の中心なのだ。だが単なるスパイスの利いた強いエールだったかもしれない。ほんとうのところは決してわからない。

錬金術や医学について書かれた中世の本が、暗号で書かれていたり、単純にひどく曖昧だったりするのも役に立たない点だ。だが一五世紀ごろから、ごく少量の蒸留アルコールを、薬として使っていた例が現われはじめる。おそらく患者のなかには、薬を美味だと感じ、酔っぱらってしまった者もいただろう。その場合、もっと欲しがったに違いない。だがいまだこれは非常に高価なものであった。

一四九五年、スコットランドのジェイムズ四世は、数樽のウイスキー、当時の言葉で言えば生命の水《アクア・ウィタエ》を、修道院から購入した。注文した量はボトル数百本に等しいと思われ、健康目的にしては多すぎる。だがジェイムズ四世は王であり、これらを購入する財力があった。そして修道院は専門施設であり、蒸留酒を大量に造ることのできる、ごく少数の場のひとつであった。

一〇〇年後、イングランド――ロンドン市のすぐ外――で、一軒のバーがアクア・ウィタエを出していた。まだ珍しい飲み物で、ほとんどの人は名前を聞いたことすらなかった。その後、一七世紀後半になると、西ヨーロッパでは蒸留酒が大流行していた。フランス人はブランデーに、オランダ人はイェネーヴァに突如熱狂した。一方イングランド人は内戦に忙しかった。その後イングランドを支配したピューリタンは、蒸留酒にあまり関心はなかった。

王政復古が実現すると、イングランドの貴族たちは、新発見のありとあらゆる面白い味の飲み物をたずさえて、フランスからどっと戻ってきた。シャンパン、ヴェルモット、ブランデー。これらは貴族の飲み物となった。だがイングランド人は、フランスかぶれの新しい貴族たちをいまいち信用できず、一六八八年、事態は再び危機的になった。イングランドは国王〔ジェイムズ二世〕をフランスへ追放し、代わりにオランダから新たな王を迎えた〔名誉革命〕。その名前はウィリアムとメアリ。そしてこのウィリアムこそが、ジンをもたらしたのである。

ジンがイングランドで人気になった理由は四つある。王政、兵士、宗教、および世界的飢餓の終わりだ。考えてみれば全部よい理由である。歴史家によっては「フランス人嫌い」を足すこともあるだろう。となれば理由は五つになる。

第一に王政。国王ウィリアム三世はジンが好きだった。なぜならオランダ人だったからであり、オランダ人はみなジンが好きである。

第二に兵士。オランダの兵士がジンを好んだ理由はふたつある。ひとつは彼らがオランダ人だから。もうひとつは、ジンがオランダの兵士に特殊な勇気を吹きこむから。だから今日に至るまで、イングランドでは酔った勢いでの勇気のことを「オランダ人の勇気」〔Dutch courage〕と呼ぶ。

第三に、この時代ヨーロッパの国々は絶えず戦争をしていたが、たいていそれらはプロテスタントとカトリックの対抗図式に基づいていた。イングランドとオランダはどちらもプロテスタントだった。だからイングランドの兵士はオランダ人と一緒に戦い、オランダ人と一緒に飲み、ジン好みになって二日酔いで帰ってきた。ジンは軍人に、プロテスタントにふさわしい酒だった。

第四に、世界的飢餓の終わり。太古の時代から、そしておそらくそれ以前から、世界中のどの国も、不作という問題を抱えていた。通常の年には、農民はちょうど全員に行きわたるだけの穀物を生産する。それ以上作ることはなかった。売ることができなかったからだ。けれども時々不作の年がある。そうなると穀物が行きわたらなくなるが、農民たちは少しも動じない。

農業経済が持つ面白い側面として、不作イコール穀物の減少だというのがある。穀物が減少すれば、穀物価格は上がる。価格が上がれば、農民は不作の年も豊作の年と同じくらい儲かることになる。しかも労働量は減少する。

不作で被害をこうむるのは、貧しい者、困窮している者、および政府だった。いちばん苦労したのは政府である。貧困者の不平や、彼らの暴動に耐えねばならなかったのだから。

この問題を解決できるとウィリアム三世は考えた。ジンは穀物が原料で、穀物の質はとりたてて問題にならない。発酵させ、蒸留したところで違いが出てくるのだ。したがって、もしイングランドでジンがたくさん飲まれるようになれば、通常の年にも多めに穀物を受け入れることのできる、巨大市場を作り出せる。そうなれば、不作の年が来ても超過分でカバーできる。超過分の穀物は高品質である必要はなく、食べられる程度であればいい。こうすることで飢餓は永久に終わるだろう。だがそのためにはジンを、すごくすごく人気の酒にする必要があった。

人気の酒にするには、ビールよりも簡単に手に入る酒にしなければならない。まったく税がからず、規制なしで、誰もが蒸留を始められるようにしないといけない。それからまた、フランスからのブランデーの輸入を禁止せねばならない。これはウィリアム三世はどのみちやっていた。分別あるイングランドの王がみなそうであるように、すでにフランスと戦争を始めていたからだ。

オランダ人の母親とイングランド人新兵との娘である、外国人嫌いのマダム・ジニーヴァは、こうして恐るべき大都市ロンドンへとやって来たのである。

一七〇〇年のロンドンは、ヨーロッパ最大の都市だった。これは問題だ。イングランドの社会は、できれば村くらいの小さな単位で集まって暮らしているかぎり、極めて秩序正しく機能していた。警察と言えるような組織はなかったが、村ではそんなものは必要ない。誰もが顔見知りだった。われわれの基準で国内法と言えるようなものもほとんどなかったが、これも実際必要ない。村に住んでいるのであれば、誰もが他人のことにしっかり首を突っこんでいるので、社会的圧力だけで充分に社会規範を機能させることができた。噂話とちょっとした舌打ちさえあれば、秩序は保たれた。自分の身分より上に上がることも、自分自身以外の何かであるふりをすることも、過去を逃れることも不可能だった。

社会保障制度さえあった。教区である。苦境に陥った貧しい教区民は誰でも教区にすがり、ちょっとしたものをもらうことができた。たくさんではない。だが絶対的な貧困とはたいてい無縁だった。

それからみんなロンドンへやって来た。いっぺんに来たわけではないが、ここでの議論の目的上そうしておこう。ロンドンの通りは金《きん》が敷き詰められていると噂されていた。男はひと財産築くことができ、女はひと財産と結婚できる。ロンドンではすべてが可能であり、誰もが自分のなりたいものになれる。ロンドンは特別な場所だった。

そしてロンドンは、公正に見ても、ほんとうに特別な場所だった。イングランドで当時人口が二万人を超えていた町は、ほかにふたつしかない。ロンドンの人口は六〇万だった。こんなものは誰も見たことがなかった。さまざまな面でまったく新しい生活がそこにはあった。そこでは匿名の存在になれた。通りを歩いていて、知っている人に誰も会わないことに人々は驚いた。あまりに驚いたので新聞記事になったくらいだ。

おめかしもできる。紳士のような服装をしていれば、ほんとうは紳士ではないなんて誰も思わない。これまた驚くべきことだった。社会秩序全体を、根っから煙に巻く行為でもあった。紳士のように見えるあの男は紳士ではないかもしれず、ぼろをまとったあの男は、昨日は紳士だったのかもしれない——当時は、「南海泡沫事件〔South Sea Bubble〕」の名で知られる、初の株式市場大暴落が起きた時代でもあった。輝かしい戦績を残したと称し、船長と呼ばないと殴ってくるような男がロンドンにはあふれていた。悪さをしても誰も正体を知らないから、まんまと逃げおおせることができた。すべてが可能だった。絶対的な貧困さえも。社会保障制度としての教区システムは、重要なこととして、生まれ育った教区でしか機能しなかった。ロンドンでは、貧乏になったら自分ひとりで何とかせねばならないのだ。

完全に自分ひとりというわけではなかった。ほかにもたくさん貧困者がいた。彼らはスラム街や、ウェストミンスターやイーストエンド周辺に出現した掘っ立て小屋村に住んでいた。その人々はほんとうに、ほんとうにみじめな気持ちでいた。いろいろなことを忘れる必要があった。まったく規制されておらず、とんでもない速さでとんでもなく酔うことができ、まったく税がかかっていないからすごく安価だという飲み物を必要としていた。ベッドの上で、意識をなくすまで飲める酒が必要だった。マダム・ジニーヴァの母なる慰めが必要だった。あるいは、当時よく聞かれたスローガンによればこういうことだ。「酔うなら一ペニー。泥酔するなら二ペンス〔ペンスはペニーの複数形」。綺麗な藁《わら》はただ」。

ジンを飲む

ここまで本書は一貫して、いつ、どこで、誰が酒を飲んでいたかを記録しようと試みてきた。右で素描したような社会・経済的な大騒ぎがあったにもかかわらず、貧しいロンドンっ子はどこでジンを手に入れていたのだろう？　そしていつ？　誰から？　答えはまさしく、いつでも、どこでも、誰からでもだった。

ジン・ショップを開くにはほとんど何も必要ない。ええと、ジンは必要だ。ジンを手に入れるには、大きな蒸留所（麦芽蒸留所と呼ばれていた）へ行って、原材料となる蒸留酒を一ガロンかそこら買う。家に持ち帰り、二度目の蒸留を行なう。これが重要だ。現代のジンよりもはるかに強いジンができる。学者の見解は分かれているが、アルコール度数は八〇パーセント程度、今日手に入るもののおよそ二倍であった。二度目の蒸留をしているあいだに、風味づけの何かを放りこむ。ジュニパーは大事だ（とはいえ、あとで見るとおり不可欠というわけではなかった）。ほかにも興味を惹くものを何でも加えることができた。何かパンチのあるもの。松ヤニは特に好まれた。硫酸もだ。からだにはよくない。でもかまわない。さてジン・ショップが出来上がった。

ジン・ショップは、みすぼらしい建物のなかにある小さな部屋だった。そうそう、そんな感じの。『ロンドン・マガジン』の記述によると、貧困地区でジンは「ほとんどすべての家のどこかしらで売られていた。地下貯蔵庫のことが多いが、屋根裏部屋のこともあった」。誇張ではなかった。セント・ジャイルズ（現在大英博物館があるところのすぐ南）では、五部屋に一部屋がジン・ショップだったと見積もられている。汚い身なりの貧困者で満員だった。彼らはそこで飲んで悲しみを忘れ、眠って酒を抜いたのである。

地下室や屋根裏まで階段で行くのが面倒であれば、路上で買うこともできた。どこでも、誰からでも。

現代の民衆はもはや、愛する酒、ぼんやりとした状態を保ってくれるもの、すなわちジニーヴァなしではやっていけない。それは心配したり、あれこれつましく考えてしまうことに対する特効薬だ。繰り返し口にすれば、しらふのときに思い悩んでいたことがすべて取り除かれ、逼迫した事柄に苦しめられる感じもじきに癒やされる。民衆にこれを与えている商人は、通常男女とも最悪の部類の人間だが、そのほとんどは若いころに道を誤り、逆境にさらされてきた者たちである。みすぼらしい身なりの、かつらがひどく臭う年寄りが、道の隅に身を縮めて、とおりがかる者たちに酒を勧めている。また別のぼろを着た者が、いくつか酒瓶の入った籠を手に、人どおりの少ない場所をふらふらしながら、のども裂けよとばかりに売り物について叫んでいる。一方、ずっと向こうに頭が見える第三の者は、川の真ん中へと出ていって、不規則な流れに揺られたところで本業を思い出している［ここで言及されているのはテムズ川の船頭］。その上方ではよぼよぼの老女が、積み荷に腰掛け、酒を手に、兵士の外套を掛けられた姿でうとうとしており、彼女の口やかましい娘が、飲んだくれの慰みをきびきびと売りさばいている。彼らから聞こえてくるのは野卑な言葉と呪詛ばかりで、それ以外の言葉を滅ぼそうとしているかのようだ。そして野卑な言葉と呪詛は、自分たちに対して、または話し相手に対して、言葉そのままの意味をこめて、ふしだらな発音で発されるのである。

どれだけ飲んだのだろう？　数パイントだ。そんなわけはないとあなたは思われるかもしれない。この酒のアルコール度数は八〇パーセントにも達したと先ほど述べたところなのに、そんなものを何パイントも飲んで人間が生きていられるわけがない。だから彼らはそうしなかった。彼らは死んだ。ジン・ショップの店内で命を落とした人の数は膨大で、暗澹たる気分になる。一七四一年、郊外との境にあるニューイントン・グリーンの地で、数人のロンドンっ子たちがひとりの農業労働者と出会った。彼らはちょっとした遊びのつもりで、「一パイントにつき一シリング払うという条件で、労働者にジンを三、四パイント飲むよう誘った。労働者はたちまち一パイントを飲み干したが、その場に倒れて絶命した」。

この事例は面白いくらい象徴的だ。田舎者がロンドンにやって来て、すぐさまジンで死んだ事例だというせいもある。だがもうひとつには、彼には知るよしもなかったからでもある。農民はエールを普段から何パイントも飲んでいて、朝食時も含めていつも飲んでいた。この新しい酒を一パイント飲まないはずがあるだろうか？

われわれの目に答えは明白だ。だがわれわれの暮らす現代は、すでに三〇〇年もかけて、蒸留酒を社会になじませたあとの世界である。新しいドラッグは危険だが、それはドラッグ自体が危険なものだからではなく、そのドラッグを消費するためのルールを、文化がまだ作り上げていないからだ。遠い将来、クラック・コカインが完全に社会に受け入れられていることも、理論的にはありうる。そのころにはたとえば、あなたがクラックをやるのはもちろん木曜のティータイムだけ、しかもほんの小さなかけらを吸引するだけだとみんな知っている。クランペット〔平たいパン〕を次の人に回している牧師さんと、あなたが礼儀正しく会話しているあいだ、おばあちゃんはあなたのためにパイプを熱してくれている。クラックは必ずクランペットと一緒に出されるものだ。

でもいまはそうなっていない。そしてジンもまた、当時はそんなふうに消費されてはいなかった。数パイント飲まなければいけないわけではなかった。普通飲まれる量はクウォータン〔quartern〕、つまり四分の一パイントだった。そうしたければ水で薄めることもできた。とはいえ、これは現代の人間を病気にするだろう酒量である。

飲酒はコントロールが利かなかった。社会をコントロールするとされている人々、すなわち上流階級にとって、これは非常に恐ろしいことだった。ケンジントンにいい家を持つ、ウィリアム・バードという男がいた。彼にはジェイン・アンドルーズという名のメイドがいた。一七三六年三月のある日、ウィリアムは家をジェインにまかせて外出した。責任感の強い娘だったジェインは、

ドアを全部施錠して、ケンジントンの街なかの、よく訪れているジン・ショップへ行った。そこで彼女は、知り合いである護衛隊の鼓手、煙突掃除人、女性の旅行者と会った。彼らを自分の主人の家へと招き入れ、朝の一〇時から午後四時まで、全員たっぷり飲んだ。そこでジェ

イン・アンドルーズはみんなに（中略）一緒にベッドに行こうと提案した。窓とドアを全部閉めると、まだ午後四時だというのに、四人全員服を脱いで、ひとつのベッドに入った（このメイドに言わせると「手を変え品を変え」やっていた）。やがて人々がこの騒ぎを聞きつけ、ドアの周りを取り囲んだので、四人のお楽しみは邪魔された。

この話が人々を不安にさせたのは、煙突掃除人のせいで綺麗なシーツが台無しになるからだけでなく、社会秩序の混乱をこれが意味していたからでもあった。あなたが使用人を雇っている金持ちで、この話を新聞で読んだとしよう。今後決して家を空けるまいと思うだろう。煙突掃除人があなたのベッドで手を変え品を変えするなんて、実質的に革命だ。

この話でもうひとつ背筋をぞくっとさせるのが、ジェインがマダム・ジニーヴァと同じく女であったことだ。女性はジンが大好きだった。完全にユニセックスな酒だった。ビールも女性に飲まれていたが、それほど大量にではなかった。ジンは、おそらくメトロポリタンな酒だったために、そしておそらく新しいファッショナブルな酒だったために、レディたちのお気に入りとなったのだ。これに男性たちは困惑し、無数の冊子を出版して、ジンがいかに娘たちをみだらにするか（これは悪いことだった）、いかに彼女たちをセックスに駆り立てて妊娠に至らしめるか、妊娠中に大量のジンを飲むことが胎児にどれほど害をもたらすか（これはほんとうだった）を書き立てた。そして奇形児が生まれると、ジンは今度は悪い母親、悪い子守女を作り出す。この最後のくだりもほんとうだったらしい。メアリ・エストウィックという名の子守女は、酔って正体をなくしているあいだに、面倒を見ていたはずの子どもを焼死させてしまった。職務放棄によるものとみなさんは思われるだろうが、検死官はメアリを善良な女と裁定し、すべては「有害な酒のせい」であるとした。ともかく、ほかにもっとひどい子守女もいて、その女は火をおこしていたとき、赤ん坊とたきぎを間違えて、予想どおりの結末をもたらした。そしてジンの顔となる運命にあった女性、ジュディス・ディフォーがいる。

ジュディス・ディフォーは貧しい女性で、ジンが好きだった。メアリという名の二歳の娘がいた。娘の父親は亡くなっていて、ジュディスは娘を食べさせていく余裕がなく、教区の救貧院に娘をやった。救貧院はメアリに素敵な服一式をそろえてくれた。ある日曜日の朝、ジュディスはブリック・レーンから救貧院まで、野原を横切りはるばる歩いていき、メアリを一日外出させたいと申し出た。

母子は午前一〇時ごろに救貧院を出た。午後のどこかの時刻でジュディスはスーキーという女に会い、ふたりは一緒にジンを飲みはじめた。そして午後七時ごろ金が尽きた。ジュディスによると、もっと飲むためにメアリの服を売ろうと思いついたのはスーキーだった。一月だったのですでに暗い時間である。ふたりは小さなメアリの服をはぎ取り、彼女を野原の溝のなかに置き去りにして、ロンドンへ戻ってジンを飲もうとした。だがメアリは冷たい溝のなかで泣き叫ぶ。ジュディスは娘を放っておけなかった。ジュディス・ディフォーはメアリのもとへと戻り、溝から救い出すと、死ぬまで首を絞めた。それから遺体を溝のなかに戻し、飲みに行ったのだった。彼女自身の言葉によるとこうだ。「そしてそのあと、わたしたちは一緒に出かけ、コートとコルセットを一シリングで売り、ペティコートとストッキングをグロート銀貨〔四ペンス（三分の一シリング）に相当〕に換えました。お金はふたりで分けて、ジンを四分の一パイント飲みました」。

その夜遅く、ジュディス・ディフォーは自分のやったことを仕事仲間に打ち明けた。彼女は裁判にかけられ、絞首刑になった。

重要なことなので指摘しておくが、すべての女性がジンのために子どもを殺したわけではない。母親によるとジュディス・ディフォーは「正気だったことは一度もなく、いつもうろうろしていた」。ジン狂い時代に関しては、どれがでっち上げのホラー・ストーリーで、どれが実話のホラー・ストーリーであるか、見分けるのがいつも難しい。だがそもそも、ジンを飲んで無意識に人を焼死させてしまった女性の事例が、少なくともふたつあったわけだ。[*] とはいえ、ジンが忌み嫌われた理由のすべてをまさに体現したのはジュディス・ディフォーであり、直接には彼女の存在こそが、一七三六年のジン取締法の成立をもたらしたのである。

禁止

ジンは一六九〇年代にイングランドにやって来た。一七二〇年代になるころには、ジンと引き替えに衣服を売ってしまい、正体をなくしている酔いどれどもで、ロンドンの町があふれかえっていることに人々は気づきはじめていた（公共の場で裸になることは、また別の問題である）。一七二九年、ジンを規制し課税する、最初のジン取締法が可決される。ここでジンは、ジュニパーで風味づけされた強い蒸留酒と定義されていた。蒸留業者たちはこの規制を回避するため、狡猾にも、ジュニパーを加えないようにした。彼らは単なる蒸留酒を売り、とどめを刺すかのように、これを「議会ブランデー」と呼んだ。

同じくらいの効力の法が一七三三年にも可決されたが、ジュディス・ディフォーの事件以後、事態はもっと深刻な様相を帯びることになる。一七三六年の法は、ジン販売業者を認可制とし、年間五〇ポンドの認可料を支払うよう業者に命じた。これは当時の標準からすると莫大な金額だった――現代に換算すると、一万ポンドを大きく上回る。人々はこれを回避するため、狡猾にも、許可を取らないままとにかくジンを売るというその場しのぎの策に出た。実際、許可の取得件数は二件だけだった。

規制の厳しさを示す必要に迫られた政府は、そこで、非合法のジン販売業者を密告した者に報奨金を出すことにした。報奨金はかなりの高額で、密告者がたくさん現われた。人々はこれを回避するため、狡猾にも徒党を組み、密告者たちを殴り殺した。一方、ジンを手に入れるために、彼らは「フェイク・キャット」〔fake cats〕に頼った。

フェイク・キャットの生みの親であるダドリー・ブラッドストリートが自伝を残している。この話は彼の言葉で語ってもらうのがいいだろう。


もはや売る者はいないも同然となり、愛する酒を入手できないことを嘆く民衆の声は非常にかまびすしいものとなって、じきにわたしは、この業種に乗り出すことを思いついた。規制法の書かれたものを購入し、何度も読んでみて、ドアを開けて押し入る権限が当局にないこと、

＊　このふたつの事例は極めて深刻に受け止められ、王立協会で議論された。

ジンが売られている家の借り主の名を密告者は知っている必要があることに気づいた。これを避けるため、わたしは知人に頼んで、セント・ルークス教区のブルー・アンカー・アリーにある家を一軒入手してもらい、それを個人的にもらい受けた。しっかりと確保すると（中略）ムアフィールドでネコの絵の看板を買い、通りに面した窓のところに釘で打ちつけた。それからネコの前足の下に、鉛色のパイプを一インチほどはみ出すよう設置した。家の内側のパイプの端にはじょうごをつけた。

開業の準備ができると、ロンドンではどの蒸留業者のジンが高品質で知られるかを聞いてまわり、複数の人たちから、ホルボーンの××××デイル氏だとの保証を得た。氏のところへ行き、有り金全部から二シリングだけ除いた一三ポンドを見せて、計画を説明したところ賛同が得られた。荷はわたしの家へ送られた。こっそり出入りできる裏口がその家にはある。酒を正しく設置すると、人をひとりやって、窓のネコのところで翌日ジンが販売される、買うためにはネコの口に金を入れればよいと人々に伝えた。その口のところには穴が開いていて、金がわたしの手元に届く仕組みだ。その夜はその家に泊まり、翌朝早起きして商売の準備にかかった。三時間ものあいだ何の声もかからず、計画の成功をほとんどあきらめかけた。するととうとうチャリンと音がして、「ネコちゃん、二ペンスぶんのジンをくれないかな」という気持ちのいい声が聞こえた。すぐさまわたしはチューブに口をあて、ネコの前足の下にあるパイプから受け取ってくれるように言うと、ジンを量ってじょうごに注いだ。そしてみんな受け取ってくれた。その日の夜には六シリングが手に入った。次の日には三〇シリング以上、その後は一日三、四ポンド売り上げることになる。

稼いだ金は売春婦と牡蠣につぎこまれた。

「ネコちゃん＝ニャーオ《プス・アンド・ミュー》」マシンと呼ばれたこれは、ロンドン中で大人気となった。貧しい人々が群れを成し、ネコから酒を飲もうと集まった。こうなるとジン取締法は間抜けなものに見え、政府は無力に見える。そしてロンドンは異常な都市に見えたに違いない。

それで政府はジン取締法をもっと可決した。あまりに多いので、ここに列挙してもみなさん退屈されるだろう。一七四〇年代に登場した重要な考え方は、ジンを正面から禁止したりたくさん課税したりするのではなく、少しだけ課税して、その課税額をちょっとずつ上げていくというものだった。これはいい考えだったが、ジン消費量はいずれにせよ減少しはじめた。人々を魅了していた魔力が消え失せたのである。流行はすたれていった。そして一七五〇年代には驚くべきことが起こった。連続的な不作である。

オレンジ公ウィリアムが六〇年前に予見した穀物不足がついに到来した。そして予定どおり、全員に行きわたるパンを作るだけの穀物は十分あった。これは奇跡であり、そして、死んでもいなければ無意識に人を焼死させてもいない人々にとって、ジンは役目を終えていた。

ジン狂い時代は終わった。だがジンは、英国社会を取り返しがつかないくらい変化させてしまっていた。支配階級は都市の貧困者を非常に恐れるようになった。酒を飲むことが気にくわないというだけの話ではない。貧困者が無法状態であること、法を尊重しないこと、暴徒に変わってしまうことを支配階級は嫌ったのである。ジンはロンドンの路上に、はっきりと見えるかたちで、底辺層を作り出した。そして、この目に見える底辺層に対してできる唯一の合理的な策が、強制的に別の大陸へと送ることだった。こうしてアメリカとオーストラリアが生まれたのである。

15 オーストラリア

オーストラリアはドライな植民地になるはずだった。歴史上のあらゆる上手く行かなかったプラン——ナポレオンのモスクワ侵攻、毛沢東の大躍進政策、ヒトラーの千年王国——のなかでも、これはわたしのお気に入りだ。

オーストラリアを考え出したシドニー卿は、この場所をどんなふうにするかについて、かなりユートピア主義的で、ひどく道徳的なアイディアを持っていた。囚人は苦しむためではなく更生するためにそこへ送られるのであり、更生を可能にするのは重労働、綺麗な空気、自然、その他そんな感じの、何となく気持ちが上がるものたちだった。アルコールもお金もない場所になるはずだった——それらがなければ、犯罪もないだろうから。

このプランはあまり進まなかった。プリマス〔出航地〕までは進んだ。一七八七年に出航した第一船団は、三つのグループから成り立っていた。囚人、囚人を護衛する海兵隊員、および、彼らを連れて行ったあとすぐ帰国する、私的に契約した船員である。船員は酒を飲むことが許された。海兵隊員は飲まないよう言われていた。これを海兵隊員はよく思わなかった。それどころか「ひどく立腹」し、そのように書いたメモを指揮官に送った。アルコールは「気候の変化や極度の疲労によって（中略）危険にさらされるであろう、われわれの生命を守るため欠くことのできないもの」だと彼らはつけ加えた。

「守備隊のなかに不満」があると知らされたシドニー卿は主張を取り下げたが、あくまで部分的にだった。彼は海兵隊員に（そして海兵隊員だけに）、植民地の最初の三年のあいだアルコールを飲むことを許可した。その後オーストラリアはとうとうドライになるはずだった。

想定上のオーストラリアは素晴らしい地だった。初代総督への指示文書——この国のある種のマニフェストであった——の草稿は、以下のことを命じている。

不敬、冒瀆、不貞、密通、複婚、近親相姦、主の日〔日曜日〕の冒瀆、罵り言葉や泥酔を、厳格に処罰する法を定めよ。

そしてたぶんこれは部分的には上手く行った。少なくともオーストラリアに複婚者がいたとは聞いたことがない。

ともかく第一船団はオーストラリア大陸に到着し、荷下ろしが始まった。これは想像されるよりもずっとこみ入ったことだった。まず海兵隊員が下船する。その数日後に男性囚人が上陸する。船団の外科医が愉快な出来事を記録している。「男の囚人たちは、上陸してすぐに海兵隊員たちに追いついた。その後、夜じゅう続いた放蕩と騒乱は、わたしの筆力の及ぶところではない」。神は植民地のヒツジ七匹とブタ一匹を落雷で殺し、ご意思を示された。

だがほんとうに問題だったのは、いつ酒を下ろすかだった。初代総督のアーサー・フィリップは、女性たちに何が起こったかを知っていたので、真に価値があると自分が思うものに対して、同じ運命が降りかかることを望まなかった。それで植民地の酒は、蒸留酒を確実に貯蔵しておける倉庫が完成するまで、第一船団の貯蔵船であるフィッシュバーン号に留め置かれることとなった。*この措置を採ったフィリップはまったく正しかった。彼の在任中この植民地で起こった犯罪の大半は、貴重な酒を盗もうとしてのものか、酒のせいで振るわれた暴力かのどちらかだったからだ。

家庭での醸造が最初に行なわれたのが正確にいつだったかは、厄介な問いだ。控えめに見積もって第一日目である。一七九三年の時点で確実に記録されていた。当時の（そしていまも）オーストラリアは人にやさしくない風土で、動物も植物もみな、悪意と復讐心に満ちた神によって作られていた（いまも）。だがニュー・サウス・ウェールズ〔オーストラリア東南部にあった、同大陸最初の英国植民地〕の真の恐ろしさを実感するには、冷蔵やら冷房やらといったものが、当時存在しなかったことを思い出す必要がある。このオーストラリアに冷たいビールはなかった。初めのころはラム酒頼みだった。

この素敵なものはいまだ輸入品だった。一七九二年、ロイヤル・アドミラル号という船が、ラム酒とビールを積んでシドニー入江《コーヴ》に着いた。ビールは売ってもいいが、ラム酒は駄目だとフィリップは言った。そこで船長はビールを合法的に売り、ラム酒を非合法に売った。愉快な顛末を司祭が記録している。

その結果、たいへんな酩酊状態が訪れた。入植者の何人かは拘禁状態を打ち破り、非常に不適切なふるまいに至った。妻を殴り、家畜を殺し、作物を地面に踏みつけて傷めつけ、互いの財産に損害を与え合った。

一七九二年、フィリップはあきらめて帰国した。後釜になったフランシス・グロス**は、酒の問題に関してもう少しましな解決策を持っていた。植民地への蒸留酒の流入を止められないのであれば、コントロールしたほうがいい。蒸留酒はいまだ非合法であり、そしてはるか英国では、ニュー・サウス・ウェールズは道徳心の向上したしらふ村であると、政府がいまだにうっとり想像していた。だから一七九三年、またしてもラム酒を積んだ船が入江に現われたとき、グロスは次のように宣言した。自分はラム酒を買いたくない、ほんとうに買いたくないのだが、囚人からラム酒を遠ざけるために、そう「せざるをえない」と感じている。グロスはそれからラム酒を仲間の兵たちに配った。兵たちはラム酒を、およそ一二〇〇パーセント値上げして囚人たちに売った。

グロス副総督は軍人だった。新植民地を守るために特別に編成された部隊であるニュー・サウス・ウェールズ軍団、別名第一〇二歩兵連隊、別名ボタニー湾警備隊、別名ラム酒軍団、ラム酒樽軍団、ラム酒連隊、死刑囚ども、の隊員だった。ラム酒軍団は英国軍史上最悪の兵士たちだった。その多くは他の連隊を文字どおり追い出され、軍法裁判や監獄や絞首刑の代わりにオーストラリア行きを受け入れた者たちだった（ほかの者たちは絞首刑を選んだ）。オーストラリアは華や

* これについて確実に立証することがまだできていないのだが、わたしの知るかぎり、ニュー・サウス・ウェールズに最初にできた建物は、酒の厳重な保管庫だった。

** 偉大な辞書編纂者にして水彩画家の、フランシス・グロスの息子である。

かな場所ではない。華々しい戦争もなく、財産も作れず、口説きたくなる美しい将軍令嬢もいない。飲み物もほとんどない。インドだの南アフリカだのといった楽しい場所とは違う。耕されていない、冷やされていない、人間を拒むような大陸で、そこにいる女性はみな、まったく文字どおり、監獄送りになった売春婦たちだった。お金を貯めることもできない。なぜならまったく文字どおり、お金がなかったからだ。シドニー卿のプランは、その部分はまだ実行されていた。

では兵士たちは、何と引き換えにラム酒を売ったのだろう？　その答えは、この植民地がどのように回っていたかを理解するうえでの肝となる。ここは交換経済であり、労働すれば食物や土地など、たまたま相手が持っているもの何もかもと交換できた。人口の大半は、強制されて労働している囚人たちである。しなければいけない以上のことを彼らにしてほしければ、何か提供する必要があった。地球の裏側にあるこの地獄の穴で、唯一喜びを与えてくれるのがラム酒だった。ということはつまり、ラム酒の供給を支配する者が、この植民地を支配できるということだ。これこそがグロス副総督の天才的思いつきだった。

ラム酒はニュー・サウス・ウェールズの通貨だったと、たいていの歴史家たちは言う。だがラム酒はそれ以上だった。社会支配の道具だったのである。ラム酒は逆説を抱えていた。その分配の支配は専制政治の形態を取るが、その消費は無秩序を生み出すのだ。その後二〇年間ラム酒事業を支配したラム酒軍団は、このおかげで金持ちになったが、もっと重要なことに全能の存在となった。蒸留酒の取引きを止めよという命を受け、その後もロンドンから次々と総督が到着するが、誰もその命を実現できなかった。なぜなら蒸留酒の取引きこそが、権力を示す唯一の手段であったからである。

次の総督として一七九五年、ジョン・ハンターがやって来た。ラム酒取引きの終結を命じる文書を彼はたずさえていた。ジョン・マッカーサーという名の若い中尉から、ラム酒だけが囚人を働かせられるのだという有益な助言を受けたハンターは、自分にはどうしようもないと感じた。犯罪者しかいない集団にアルコールを配るのはばかげたことだとわかっていたが、そうするしかなかった。総督になって一年経ったころ、彼は悔悟の念とともに次のように書いた。

わずかながらでも宗教をしのばせるものも、〔ラム酒によって〕みな滅んでしまった。賭博が促進されている。頻繁に強盗が起きる。さらに不安なことに、ごく最近の、非常に衝撃的な殺人のいくつかもラム酒によるものだ。要するに、政府の関心事に対するあらゆる留意、あらゆる規律が廃されてしまったのである。

しかしよい面もあった。たとえば、囚人たちがオーストラリア最初の教会を無事建てられるよう、神はラム酒を必要となさったのである。囚人たちには報酬として、肉五〇ポンド、タバコ三ポンド、茶五ポンド、ラム酒二〇ガロンが与えられた。自分たちは主のための仕事をしたのだという、ぽわんとした温かな気持ちをおそらく囚人たちは感じていたであろうが、それすらもラム酒の酔いのせいだったかもしれない。

そしてラム酒にはあらゆる種類の悪い面があった。酒の席がどんな感じだったかがわかる文章はあまり残されていないが、いつも賭け事がともなっていたらしい。この植民地唯一の（恩知らずな）聖職者は、確かにそう考えていた。酔っぱらっての賭け事について、彼は次のように書いている。

この道楽をあまりに過剰に行なった結果、囚人たちのなかには、生活必需品もお金も、[*]なけなしの衣服もみな賭けで失ってしまった姿で、仲間たちのなかに立っている者もいるが、裸でありながらそれを気にしていない彼らのさまは、この土地の無知な土人たち同然だと思われている。

重要なこととして、人々は四六時中酔っぱらっていたわけではない。アルコールは制限されていた。というのも、その供給を制限していたからこそ、ラム酒軍団は強力かつ富裕でありつづけることができたからだ。この部隊の指揮官が、あるときまれな正直さの発作を起こし、次のように書いている。「蒸留酒の輸入に過剰な制限をかけた結果、これを所有したいという入植者の欲望は高められ、彼らが減じたいと願っていた悪徳はすさまじく増大した」。

というわけでホープ号の積荷は、社会混乱の道具であると同時に、社会統制の道具でもあった。囚人たちは「躊躇なく［と聖職者が言うのだが］いかなることをしてでもこれを獲得しようとし、労働の対価として、他のどんな必需品や衣服よりも酒を受け取ることを好んだ」。

植民地には解決策が必要だった。酒を断つことが必要だった。そして、厄介者のラム酒軍団にぴしゃりとやってくれる人間が必要だった。誰も逆らえない人間、ましてや反乱など起こされようのない人間が必要だった。したがって、一八〇六年に英国政府が、ウィリアム・ブライ船長を総督に任命したのはちょっと驚くべきことだった。そう、あの「バウンティ号の反乱」のブライ船長だ。そんなの一七年も前に起きたことだし、もう誰もブライに反乱を起こしたりしないだろうと政府は思ったのだろうか。

ブライはつき合いやすい男ではなかった。彼の全体的な世界観は、自分だけが正しくてほかの者はみんな間違っているというものだ。ニュー・サウス・ウェールズ軍団に対する彼の見方は、せいぜいよく言っても「とんでもない野郎ども〔buggers〕、最悪の悪党」だった。**

ブライはこの「危険な義勇軍」をまったく好まなかった。娘のメアリに彼らが色目を使うのも気に入らなかったし、少しも妥協するつもりはなかった。彼はジョン・マッカーサー大尉と対立

＊　このころには、銅貨やスペイン・ドル〔一六世紀から一九世紀にかけて世界通貨として流通したスペイン銀貨〕も少しずつ入ってきていた。

＊＊ Buggerという言葉は、当時はほぼ確実に「男色家」を意味していた。これはちょっと面白いことだ。というのも多くの歴史家たちが、バウンティ号の反乱は、ブライとフレッチャー・クリスチャンとの奇妙な関係の、直接的結果だと考えているからだ。クリスチャンの身体的特徴を問われたブライは、お尻の入れ墨に言及した。どうしてこれを知っていたのか、いかがわしさなしに説明する方法もあるのかもしれないが、わたしはすぐには思いつかない。

した。不正直な策士で、軍人兼酒密造業者として、この植民地で最も富裕になった人物である。ブライは直情的で気性の激しいろくでなし、マッカーサーは嘘つきで悪賢いろくでなしだった。

ブライはマッカーサーの蒸留器を押収した。マッカーサーは激怒し、自分の（極めて非合法な）財産を返せと要求した。ブライは拒否しただけでなく、さらにマッカーサーに出廷を命じた。マッカーサーは喜んで出廷した。陪審が兵士と自由入植者で構成されざるをえないこと、彼らが全員自分の手の内にあること、そして全員ブライをすでに大嫌いであることを知っていたからだ。裁判の日、陪審員は実際マッカーサーに声援を送った。裁判所の周囲にこれ見よがしに集まった兵士たちもそうだった。生まれつき怒りん坊のブライはますます激怒した。連隊の指揮官であるジョージ・ジョンストンに使者を送り、部下を統制せよと命じた。ジョンストンは返答のメモをよこした。そこには、残念だが昨夜飲みすぎて馬車を壊してしまい、気分もすぐれず、自分にできることは何もないとあった。

ブライは総督邸へ駆け戻り、次に打つ手を考えはじめた。一方マッカーサーは、次の手をもう考えてあった。その手にはラム酒が関わっていた。

兵士たちによって牢獄から出されたマッカーサーは、一通の手紙を用意していた。それはウィリアム・ブライを逮捕し、植民地の指揮を執るようジョージ・ジョンストンに請願する手紙だった。ただちに一四〇〇の署名が集まった。その夜、兵舎には三〇〇の兵が集合した。彼らは酒を飲むと、楽器を演奏し、歌いながら、総督邸へ行進した。かなりご機嫌な事件だった。ほとんど抵抗はなかった。実際、行く手に立ちふさがったのはただひとり、ブライの娘のメアリだけだった。彼女はパラソル一本で三〇〇の兵を追い払おうとしたのだった。ブライはベッドの下に隠れているところを見つかった。

第一船団の上陸から二〇年経った一八〇八年一月二六日、オーストラリア史上唯一の軍事クーデタが起こったのである。この日はいまなお「オーストラリアの日」として祝われていて（クーデタではなく、上陸を祝してのことだ）、この事件全体は現在「ラム酒反乱〔Rum Rebellion〕」という名で歴史に刻まれている。

ジョージ・ジョンストンがオーストラリアの新たな統治者となった。彼はこの大陸に最初に足を踏み入れた兵士だった。始まりからずっとそこにいたわけだ。彼はさらに、囚人と結婚してさえいる。レース泥棒で捕まったエスター・エイブラハムズが、いまやファーストレディとなったのだった。通りではブライの人形が焼かれ、兵士たちはヒツジを焼いて祝った。なぜならここはオーストラリアだから、最後には必ずバーベキューをやるのだ。

そして彼らはラム酒を飲んだ。

マッコーリー

ブライが体現していた規律は敗北し、オーストラリアはいまや兵士たちの手に、不誠実な者たちのふところにあり、ラム酒の手に握られていた。そしてこのときまさに英国政府に、天才のひらめきが訪れたのである。一八〇九年、新総督が、この不実な大陸にぴったりの総督が、軍人でアルコール依存でイカサマ師の総督が派遣された。彼の名はラクラン・マッコーリー。ラム酒軍団に勝ち目はなかった。

マッコーリーの天才は、すべての人間はイカサマ師だと認識していることにあった。これを受け入れ、讃え、その後全員を出し抜くのである。こうしてオーストラリアの医療システムは始まった。

シドニーにはちゃんとした病院がなかった。掘っ立て小屋はあった。マッコーリーは、植民地大臣カスルリー卿から「蒸留酒の使用を禁止」せよという厳命を受けていたが、到着するやこれを打ち捨て、病院を最優先事項とした。彼はそのための費用を、ラム酒専売権を売ることでまかなうことに決めた。

マッコーリーは三人の自由入植者に接近して、ぴかぴかの新しい病院と引き換えに、三年間六万ガロンのラム酒独占輸入権を与えようと提案した。計画もすでに出来上がっていた。投資家たちは提案をひと目見るなり、これはものすごい大儲けになると悟った。病院の価格など、酒の販売の利益と比べたら何てこともない。兵士たちはこれを傍から見て、どうしたものかと考えただろう。小さく書かれた文字など誰も読まなかった。

マッコーリーは契約書のなかに、ある条項を忍ばせていた。政府がすでに所有している蒸留酒については、政府が販売権を保持するというものである。当たり障りなく見える条項だった。特に意味のなさそうな条項だった。マッコーリーがすでに七万六〇〇〇ガロンのラム酒をひそかに貯えていたのでなければ。

投資家が気づいたときにはもう遅かった。マッコーリーは四万ポンドの価値のある病院を、無料で手に入れていた。無料どころか、がっかりしながら彼らが輸入するラム酒に税をかけつづけていたから、さらに九〇〇〇ポンドの儲けまで出していた。オーストラリアの医療システムは、こうしてイカサマを土台として始まった。

唯一のマイナス面は、この病院があまりよくなかったことである。楽観的にも遺体安置室がなく、非現実的にもトイレがなかった。ただちにラム酒病院〔Rum Hospital〕と名づけられたこの建物は、じきにシドニー畜殺場《スローターハウス》の名でも知られるようになった。現在はニュー・サウス・ウェールズ議会になっている。だがこの建物の欠陥は、ほぼ間違いなく、マッコーリーのある弱点に由来していた。その弱点とは、彼が妻を愛していたことだ。名前をつけるのが好きなマッコーリーは、エリザベス・マッコーリーにちなんでいろいろなものの名前をつけていた。今日みなさんがシドニーに行けば、買い物をするのはエリザベス・ストリート、セーリングをするのはエリザベス・ベイだ。王立植物園の近くにはミセス・マッコーリーズ・チェア〔シドニー湾を臨むベンチ型の岩。そこからの眺めの美しさで知られる〕がある。エリザベス・マッコーリーは建築が好きだった。蔵書も膨大だった。夢中だったと言っていい。ラム酒病院の設計者が何者だったのか誰も知らないが、総督に非常に近い人間であったことは間違いない。そしてかなりの数の歴史家たちが、それはマッコーリー夫人であったろうと考えている。

他の酒

オーストラリアはラム酒によって築かれた。ラム酒は反乱であり、病院だった。ラム酒は権力であり、飲用可能な通貨だった。今日われわれはオーストラリアと言えばワインとビールを思い出すが、これらはあとから出しゃばってきた者たちであり、都合のいいときだけの友人である。ブドウ栽培についての本が初めてオーストラリアで出たのは一八〇三年だが、これはフランス語からの翻訳で、翻訳者が季節を反転させるのを忘れていたため、ブドウの木が一月に剪定されることになっていた。ビールは、遅くとも一七九〇年には、少量ながら醸造されていたけれど、冷やされてはいなかった。ぬるいビールは地球の裏側には不向きだ。ラム酒が作り上げた国において、いまやラム酒はほとんど忘れられ、ブドウとフォスターズ〔オーストラリアのビールの銘柄〕がいっぱいである。だがわれわれはオーストラリア入植初期の、凶悪な開拓者の歌（とされるもの）を覚えておこうではないか。

俺の背中にお前の名を刻んでくれ
俺の皮膚をお前の太鼓に張ってくれ
ピンチガット島で俺に足かせをはめてくれ
王国がやって来る日まで。
果汁たっぷりのスパニッシュ・プラムみたいに
お前のノーフォーク・ダンプリングを食べてやろう、
ニューゲイト・ホーンパイプだって踊ってやろう、
ラム酒をくれさえすれば！

〔ピンチガット島：シドニー・ハーバーに浮かぶ小さな島。かつて監獄があり、のちには軍事要塞も建てられた〕

〔ノーフォーク・ダンプリング：もともとはイングランド東部ノーフォーク地方の郷土料理である茹で団子のことだが、ここでは、最も苛酷な流刑地として恐れられた、オーストラリアの東の海上にあるノーフォーク島へ送られることを指す〕

〔ニューゲイト・ホーンパイプ：一九世紀前半、「絞首刑になること、または、首を吊られた者が激しく脚をバタバタさせる動き」という意味で使われた言葉。「ニューゲイト」は、公開処刑も行なわれていたロンドンの刑務所の名。「ホーンパイプ」自体は、水夫たちが好んだダンスのひとつ〕

16 ワイルド・ウェスト・サルーン

会えば飲む。別れれば飲む。知り合えば飲む。
取引きが成立すれば飲む。飲んで喧嘩し、飲んで仲直りする。
——フレデリック・マリアット『アメリカ日記』(一八三九)

一七九七年、アメリカ最大の蒸留所は、年間一万一〇〇〇ガロンのウイスキーを生産していた。所有者は初期アメリカ最大の蒸留業者、ジョージ・ワシントンという男である。

ワシントンの生涯はかなり変わったものだった。ウイスキー王になる前、実を言うと彼は、政治と、さらには軍事においてさえも、ちょっとした業績を上げていたのだ。長い話にはならない。要点を言うと、政治においてワシントンは、公職に立候補して負けた。それからもう一度出馬し、有権者にただで酒を配った。今度は勝った。一七五八年、ヴァージニア植民地議会議員選挙での彼の支出は以下のとおりだ。

友人のためのディナー　3ポンド0シリング0ペンス

ワイン13ガロン　単価10シリング　計6ポンド15シリング0ペンス
ブランデー3パイント　単価1シリング3ペンス　計4シリング4ペンス
ビール13ガロン　単価1シリング3ペンス　計16シリング3ペンス
サイダー・ロイヤル8クォータ　単価1シリング6ペンス　計12シリング0ペンス
強いビール30ガロン　単価8ペンス　計1ポンド0シリング0ペンス
パンチ大樽1と樽1、総量26ガロン
最高のバルバドス・ラム　単価5シリング　計6ポンド10シリング0ペンス
精製糖12ポンド　単価1シリング6ペンス　計18シリング9ペンス
パンチ10ボウル分　単価各2シリング6ペンス　計1ポンド5シリング0ペンス
ラム酒9ハーフパイント　単価各7ペンス　計0ポンド5シリング7ペンス
ワイン1パイント　0ポンド1シリング6ペンス

投票資格を持つ者は六〇〇名しかいなかった。*

軍での業績となるとさらにつまらなくなる。要点を言うと、部下に対するラム酒の配給量を二倍にするという素晴らしいアイディアを彼は思いつき、これによって、アメリカ合衆国という奇妙な現象が生じたのだった。その後、ウイスキーに課税するために短い戦争を戦った〔ウイスキ

* えー、はいはい。投票者ひとりあたり、およそビールは一パイント、ワインはグラス一杯、ラム酒は一パイントになる。

―反乱の鎮圧（一七九四）」。それが終わって、蒸留という真剣に取り組むべき事業にようやく落ち着いた。いろいろな種類の酒を造った。四回蒸留したウイスキー、ライ・ウイスキー、シナモン風味のウイスキー、リンゴや柿や桃から造ったブランデー。参入するにはいい事業だった。というのも、アメリカと呼ばれるこの奇妙な新発明の土地においては、蒸留酒が大流行していたからだ。

一七九〇年から一八三〇年までのあいだに、合衆国の蒸留酒消費量は、年間ひとりあたり五ガロンから九ガロン半へと、およそ二倍に増加した。そしてこの蒸留酒志向の大部分は、大いなる西漸運動の結果もたらされたものだった。

始まったころの北米植民地は、ヨーロッパ飲酒文化の単なる支部に過ぎなかったので、ビール中心で展開していた。ピルグリム・ファーザーズはプリマス・ロックに上陸するつもりはなかったが、メイフラワー号のビールがなくなってしまったから、ここで止まらざるをえなかったのだった。

蒸留所も造られた。この処女地の水は実際飲んでも大丈夫だったのだが、ヨーロッパ人であるピルグリム・ファーザーズは水を飲むのを嫌がり、9章で言及したエルフリクスの（何度か状況に合わせて改変されてきた）ルール――「あればビール、ビールがなければ水」――に、いまだ従っていたからだ。あるいは、入植者のピューリタン、ウィリアム・ウッドによれば、アメリカの水は「中身が濃くて色はつややか、世界でこれほどよい水はないだろう。（中略）だがわたしは、旨いビールを前にしては、これを選ばない」。

だがビールにはひとつ問題があって、その問題とは輸送だった。ビールひと樽はとても重いうえ、蒸留酒ひと樽と比べたら、あまりアルコールは含まれていない。もしあなたが大いなる未知の西部へと向かう入植者であり、幌馬車のスペースも載せられる荷の重さも限られているなら、ウイスキーひと樽のほうが、もっと酔っぱらえるし、もっと遠くまで行けるだろう。文明の及ぶ範囲、蒸留所に行ける範囲（このふたつは同一のものだ）からひとたび離れ、蒸留酒がひと樽欲しくなったなら、それを買うのにマウント・ヴァーノン〔ジョージ・ワシントンの邸宅や農地、蒸留所があった〕以上によい場所があるだろうか？ 何と言ってもそこは、英国軍提督エドワード・ヴァーノンにちなんで名づけられた土地である。ヴァーノンはグログラン生地のコートを着ていたため、オールド・グロッグというあだ名で呼ばれていた。彼はまた、部下に配給するラム酒を水で薄めていたので、グロッグ〔ラム酒の水割り〕という語の由来ともなった。

アメリカ人が荒野へ行くときは必ずウイスキーを（または、最高に楽しい気分のときはピーチ・ブランデーを）ひと樽持って行ったものだから、ニューヨークやフィラデルフィア、ボストンなどの、東海岸のビールがぶ飲み世界から離れれば離れるほど、蒸留酒がビールに取って代わっていった。取って代わりようは非常にわかりやすい。ニューヨーカーは英国人同様、朝食にまだビールを飲んでいた。ケンタッキーの朝食はというと（一八二二年の時点で）「カクテル三杯と噛みタバコ」だと定義されていた。

ここでのカクテル〔cocktail〕は実質的に、名前どおりのものだった。「コック・テイル〔cock tail〕とは、あらゆる種類の蒸留酒と、砂糖、水、ビターズから成る、興奮作用のある酒である」（一八〇六）。ウイスキーを朝食にするのは当時でさえチャレンジであったろう。フルーツジュースなど、手元にあるものを何でも少し混ぜれば、アルコール朝食の健康増進効果（当時はまだ信じられていた）を全部得られるうえ、嘔吐せずに済む。

というわけで、一九世紀前半のリョコウバト〔北米に生息していた渡りバト。現在は絶滅〕は、何千何万もの人々がゆっくりと西へ向かうのを、興味津々で見つめていたことだろう。どこへ行くのだろうか、そしてなぜ？ 慎重な者たちは、最近開拓された土地よりもほんの少しだけ向こうまで行って、そこに小さな家を建て、ここは自分たちの土地だということにしただろう。もっと野心的な者たちはフロンティアへと向かった。そこは、アメリカの諸州が茫漠たる荒野へと転じるところ、われわれがワイルド・ウェストと呼ぶ場所である。なぜそんなところへ？ そこが豊かだったからだ。

ハリウッドはワイルド・ウェストを、相対的貧困者の世界として描きたがる。そこに暮らすのは貧しいが不誠実な者たちであり、彼らは、東海岸の金持ちがたびたび出しゃばってくることに耐えている。だがその逆が事実だった。人々は貧しくなるために西へ行ったのではない。そんなことをするのはばかげている。西へ行ったのは、賃金が東海岸のおよそ二倍だったからだ。採掘ブーム、毛皮ブーム、牧牛ブームと、いくつものブームがあり、市場に充分な供給をするには労働力が足りなかった。それで賃金はうなぎ上りとなり、一方で人口過剰な東海岸は飢えていった。

マイナス面は、インフラが追いつかなかったことだ。道路もなければ鉄道もなく、裁判所もなければ保安官もいない。そしてバーもなかった。（また、女性もほとんどいなかった。この点にはあとで戻ろう）。その結果、気前のいい金持ちの男がおおぜいいるのに、金を使う対象がまるでない（そして金が強奪されるのを止めてくれる者がいない）という状態になる。というわけで、労働者の行くところどこへでも、バーテンダーが大望を胸に、すぐさま現われるようになったのだった。
サルーン〔saloon〕と呼ばれた最初のサルーンは、ユタ州のブラウンという町にできたブラウンズ・ホール〔Brown's Hole〕である。このサルーンという言葉を本章では使っていく。この言葉が使われるようになったのは、おそらく、ちょっとフランス風で上品に聞こえたからだろうが、開拓時代初期のサルーンは明らかに、フランス風とも上品ともほど遠かった。最初はテントから始まった。金儲けをしたいと思う者たちがいる。新しい鉱山町の噂を聞きつける。しかし採掘は自分たち向きの仕事ではない。そう考えると彼らは、ただちに樽とテントをひっつかんで馳せ参じる。これでOK。樽をふたつ置いた上に板を渡してバーカウンターにすることもあったが、フランス風にできるのもせいぜいそこまでだった。カンザス州のとあるテント・サルーンについて、次のような描写が残されている。

先がふた股になった杭があり（中略）それらに細長い棒を載せ、古い帆布のようなものが掛けられていて（中略）広さはおよそ八フィート×六フィート、高さはたぶん三フィートから五フィート半ほどの小屋になっている――ウイスキーの樽ふたつとデカンタふたつ、グラス数個、牡蠣のピクルスの缶詰め三つか四つ、ニシン二箱か三箱を収納するには充分な広さだ。ただしパンの類はまったくない。店主はおそらく自分の仕事をわれわれよりもよくわかっていて、明らかにつつましい自分の財産を、第一に必要とされるもの以外に投資して食いつぶすつもりはないと言った。

テント・サルーンの店主の典型例が、本章で以後何度も立ち戻ることになるだろう男、ロイ・ビーン〔一八二五―一九〇三〕である。ビーンは悪党で、当時はテキサスのビーンヴィルという町（ビーンの名とは無関係）で、妻に対して殴る蹴るの暴行を加えていた。一八八一年に彼は、鉄道建設のおかげで、ペコス川の近くに労働者のキャンプがいくつかできていると耳にする。持ち物すべてを売り払い、五五ガロンのウイスキー樽一〇個と、テントをひとつ購入すると、出発して、のどの渇いた男が八〇〇〇人もいるキャンプを見つけた。彼はテントを張り、新たなキャリアを始めた。

けれども問題がひとつあった。ワイルド・ウェストの重要な点は、法的インフラがほぼなかったことだ。最も近い裁判所は、二〇〇マイルも離れたフォート・ストックトン。この八〇〇〇人の鉄道建設労働者には、酒も法もなかった。誰が住民を、ビーンのようなろくでなしから守ってくれるのだろう？　幸運にもひとりのテキサス・レンジャーがとおりがかり、問題に気づいた。彼はロイ・ビーンのサルーンを訪ねて単刀直入に言った。治安判事になってくれないか。

ビーンはイエスと答えた。

治安判事になるなんて、ビーンのような犯罪常習者にとってはたいへんな出世だ。また、法に頼れるようになるのだから、この地区にいる誰にとっても朗報だった。みんな喜んだ。ビーンも喜んだ。あまりにうれしかったので、ライバルが経営するサルーンへ行き、銃を撃って店内をめちゃくちゃにした。ライバルはユダヤ人だった。おとがめなしとなったようだが、問題は、何が正しくて何が悪いのか、いまや完全にロイ・ビーン次第だということだった。

ビーン判事の話はひとまずおこう。彼の話へ戻るのは数ページあと、人種関係によってこじれた次なる殺人事件に言及するときとなるだろう。とはいえ彼の例は、事態の進行の全体像を明確に示してくれている。何らかの事業が始まり（この場合は鉄道）、事業が雇用をもたらし、雇用が金銭をもたらし、金銭がサルーンをもたらし、最終的にサルーンが法廷をもたらす（またはこの場合、サルーンが法廷になる）。だが、まだしばらくはテントの話を続けよう。

テントのバーテンダー（この呼称で威厳がつくようであれば）は、手持ちの酒を売り尽くしたら故郷に帰ることも多かった。残りたい場合の選択肢はふたつあった。第一の選択肢は、もっと酒を取り寄せるというもの。この場合、金銭のやり取りのほか、何らかの契約手続きが必要になってくるから、実行するのはかなり面倒に思われたろう。もうひとつの選択肢は、酒を偽造するというものだった。

『蒸留要らずの蒸留酒、ワイン、リキュール製造法』という題名の、一八五三年に出た本がある。題名から思われるほど悪い本ではない。驚くべきことに、蒸留もまだ含まれているのだ。この本が全体として主張しているのは、サルーン店主は、賢明で倹約家であるならば、ウイスキーやブランデーを買うよりも、純アルコールを買って風味をつけ、ウイスキーだとかブランデーだとか言って売ればよいということだった。この主張を正当化するため、著者は次のように述べる。ヨーロッパの蒸留業者はどのみちそうしているのであり、アメリカ人は後れを取っているのだ。そしてまた、

以下の方法で、一ガロンあたり四〇パーセントから二五〇パーセントもの節約ができるだろう。非常に厳密に検証しても、真正のものと区別することはほとんどできまい。違いを検出で

きるのは化学的検査だけだ。

右で言われていることが全面的にほんとうだったかはわからないが、とりたててウイスキーマニアでなくとも、オールド・ライのレシピは想像がつくのではないかと思う。

癖の少ない蒸留酒、四ガロン。でんぷんをアルコールで溶かしたもの、一ガロン。茶葉を煎じたもの、一パイント。アーモンドを煎じたもの、一パイント。色づけのため、コチニール一オンスと焦がした砂糖四オンス。香りづけのため、冬緑油〔シラタマノキの葉から取れる油〕三滴をアルコール一オンスに溶かしたもの。

この本に登場する「スコッチ・ウイスキー」には、「クレオソート五滴」が含まれている。ジャマイカ・ラムには硫酸。たった半オンスだが、それでもたぶん化学的検査で検出されただろう。こうした精密かつ繊細な飲み物には、それにふさわしく精密かつ繊細な名前がつけられた――棺桶に塗るニス、タランチュラ・ジュース、もつれ足、洗羊液。

一般的にこの種の安酒は、ちゃんとしたサルーンが登場することですたれていった。ここでの「ちゃんとした」は、「常設の建物である」ことを意味するに過ぎない。常設の建物が二、三できさえすれば、競争が生まれて製品はよりよくなる。

競争も常設の建物も、かなり速やかに出現した。鉄道キャンプがノースダコタ州のマイノットにできたとき、この新しい町（もし町と呼ぶとするならばだが）には、町が生まれてわずか五週目だというのに、サルーンがもう一二もあった。テントの次の段階は「ダッグアウト」だ。丘の斜面を掘って作った差し掛け小屋のようなもので、天井からは水が滴っていた。これを建てるのにかかる総額は一ドル六五セント。農業労働者の日当が六〇セントだった時代である。拡張する必要が出た場合、「見せかけの正面《フォールス・フロント》」を作るには五〇〇ドルかかった。最後のパーツは最も高い。五年後、硬材に彫刻を施したバーカウンターが、ラバによって運ばれてくる。輸送費こみで一五〇〇ドルである。

さて完成品はどんな姿だろう？　そして、そこで飲むのはどんな感じだったろう？　ハリウッド映画では通常、町の中心に大きなサルーンがひとつだけある。これはヒーローと悪役を出会わせるための、作劇上の要求である。だがここまで見てきたとおり、町にはたいてい山ほどサルーンがあったから、現実ではヒーローも悪役も、互いに出くわすことなく静かに飲むことができたろう。サルーンは通常極めて狭い建物で、看板の効果を高めるため、曲がり角のところに好んで建てられた。

最初に目に飛びこんでくるのはフォールス・フロントだ。二階建てに見せかけるファサードで、実際には一階建ての建物に釘で打ちつけられている。どうしてサルーンがこんなデザインになっているのかは誰も知らない。だまされる者などいなかった。玄関ドアに向かって垂直に近づいていくのでないかぎり、だまされることなど物理的に不可能だろうが、垂直に近づくこと自体、道の両側に建物があれば不可能だった。ファサードは手がこんでいた。上階にはフェイクの窓があり、存在しない屋根のための雨どいがつけられていることさえあった。フォールス・フロントは、すべてのアメリカ人が何らかの理由でつき合っていた、遍在する透明な嘘だった。*

店の外には、ウマをつなぐための杭があるだろう。その周囲には必然的に、巨大な馬糞の山がある。フロンティアに衛生などという言葉は存在せず、レディたちは不幸にも長いドレスを着ていた。男たちは（相変わらず）ややましだったが、拍車はあまりピカピカしていなかったはずだ。

あなたは玄関前の板張りの歩道に足をかける。かの有名なスイングドアの出迎えはない。スイングドアは伝説だ。またはほぼ伝説だ。合衆国南西部の、ずっとへんぴなところに少しばかりあったかもしれないが、一般的なものではまったくなかった。考えてみればすぐわかるだろう。プライバシーもなければ寒さをしのいでもくれない、まるで無意味なものだったはずだ。スクリーンでは映えるけれど、現実のドアは開口部いっぱい、またはそれに近い長さだった。とはいえ、両開きで重みのあるドアだったのは事実なので、あのドラマチックな入口に似たものは体験できるだろう。スイングしたドアに顔をぶつけないよう気をつけて。

映画であれば、ここで正面に見えるのはバーカウンターである。これも事実ではない。あなたが入ったのは細長い部屋で、バーカウンターは片側、通常向かって左側にある。バーカウンターは実際見事な代物だ。マホガニーやウォールナットなどの硬材に彫刻を施したもので、これでもかというぐらい磨き上げられている。すでに見たとおり、建物自体よりもおそらく高額だということをお忘れなく。カウンターの上には鏡がある。これも高額なので、几帳面に磨かれている。バーカウンターの長さと同じ幅で、これまた店主のステータス・シンボルだ。ほかのものは安いかもしれないが、それはこれらふたつが資金のかなりの部分を食ってしまったからでもある。

鏡は実際役に立った。おそらくふたつの点で。まず、カウンターの客たちが、背後から近づいてくる者を見ることができる。それからもうひとつ、裸のレディに色目を使える。彼女は反対側の壁に掛かっている——豊満な、疑似古典様式の裸婦像だ。ポルノというわけではないが、お上品でもない。ほんとうにプライベートな部分は姿勢とレースによって慎重に隠されているが、それでも彼女の姿は孤独なカウボーイたちを興奮させた。彼らはおそらく、何週間も女性を見ていないのだ。

カウンターの下、おがくずに覆われた床の上には、真鍮のレールが走っている。これの用途ははっきりしない。だが人々は、片足をこのレールに載せないと、サルーンに来たという気がしなかった。奇妙なことに、一九二〇年に禁酒法が施行されたとき、あこがれの対象となったのはこの真鍮のレールだった。これを恋しく思うあまり、人々は涙を絞ったのだった。奇妙なことだ。なぜならこのレールは、たぶん唾液まみれだったのだから。レールの下の隙間には痰つぼが、理想の割合としては、客四人に対してひとつ置かれていた。ここにいる者たちは全員、歯痛に苦しんでいるかのように見えたかもしれないが、実際は噛みタバコを噛んでいただけのことだった。

というわけであなたは、(馬糞まみれの)ブーツを(唾液まみれの)真鍮のレールに載せる。バーテンダーが近づいてきて「何にします?」と訊く。

あなたはちょっと考える。鏡の下に、ワインやシャンパンのボトル、それからクレーム・ド・マントとかいう変てこなものが並んでいるのを見る。しかしそれらは埃をかぶっている。見せるためだけに置かれている品だ。誰も注文したことなどない。もし誰かが、とりわけ一見《いちげん》の客が注文しようものなら、ほかの客たちと小競り合いになるだろう。まともに注文できる飲み物はふた

＊　ここにはあるモラルが存在しているように思えるが、それが何かはわからない。

つだけ、ウイスキーとビールである。そして率直に言って、ビールはかなり疑わしい。それであなたは、自分のために一杯、隣に立っている男のために一杯、ウイスキーを注文する。これは規則だ。その男と初対面だとしても関係ない。一杯目のときは必ず、余分にもう一杯注文しなければいけない。あとから入ってきた新しい客が、あなたに一杯おごってくれるから、そこで帳尻は合う。だがおごってやらないよりも悪いのは、おごってもらった酒を受け取らないことだ。その場合、ぼこぼこにされるか、もっとひどいことになる。

さてここで、サルーンのエチケットのなかでも、最も複雑かつ不明瞭な局面に差し掛かる。だがこれについては、まったく奇妙なことに、ハリウッドがいつも正しく描いてきた。われらがぶっきらぼうなヒーローは、サルーンに入ってきても、酒がいくらか決して訊かないのである。コインを何枚かカウンターに投げるだけで、お釣りも決してもらわない。これは歴史的にまったく正確である。

サルーンには二種類あった。ワンビット〔one-bit〕・サルーンとツービット〔two-bit〕・サルーンである。ツービット・サルーンはかなり大掛かりで、フロア・ショウもシャンデリアもあった。たぶん本物の二階建てのところさえあったろう。ツービット・サルーンでは飲み物の値段はみな二ビットだった。ワンビット・サルーンの飲み物は、全部（ウイスキーとビールの両方とも）一ビットだ。葉巻も一ビットだった。値段を訊く必要がないので便利だ。外の看板に書かれていることが多いが、店の雰囲気からまず間違いなくわかるだろう。

一ビットは八分の一ドル、すなわち一二セント半である。二分の一セント硬貨などというものはないのだから、厄介なことだ。南部の州では長いこと、スペイン・ドルが通貨として用いられていた。スペイン・ドルは八で割ることができる。それどころか、物理的に八片に〔つまり八つのビットに〕切り分けられることも多かった。海賊の肩のオウムがいつも「ピース・オヴ・エイト」と言っているのはそのためである。何らかの理由からこれがアメリカ・ドルへと持ちこまれ、その結果、飲み物一杯に対してぴったりのお釣りが払えないという奇妙な事態になったのだった。そこで、ワンビットの店で一杯だけ頼むときは、二五セント硬貨（二ビット）を渡して一〇セントお釣りをもらう。これであなたは、一杯目に一五セント（「ロング・ビット」〔long bit〕）払ったことになる。その代わり二杯目は一〇セント（「ショート・ビット」〔short bit〕）で飲める。びっくりするくらいばかばかしいことで、フォールス・フロントよりもばかげた話だが、そういうふうになっていたのである。

さて、あなたは痰切り〔phlegm-cutter「その日初めて飲む酒」の意味で使われる〕のボトルを手に取り、自分で酒を注ぐ。少なすぎてはいけない。男らしくないと思われ、銃を突きつけてもっと飲むよう強制される恐れがある。けれども、へりまでいっぱい注いでもいけない。強欲に思われ、そこで風呂に入るつもりかとバーテンダーに言われるだろう。法のゆるい土地がマナーに厳しいというのも変な話だ。

千鳥足ジュースのグラスを口元まで持っていき、一気に飲み干す。これで他の客からの賞賛と敬意を勝ち取ることができるだろう。気分が悪くなるかもしれないが、代償としては些細なものだ。ツービット・サルーンに行って一ビットしか払わない男を真似してもいい。指摘されて男はこう答えた。「ツービットの店？　入ったときは俺もそう思ったぜ。だがウイスキーを味見して、こりゃワンビットの店だと思ったのさ」。大胆な言葉だ。しかしもっと大胆なのは、シンシナチ・ウイスキーを一クォート〔一リットル弱〕飲めると言った男である。彼は偉業を成し遂げた。彼の棺桶に銀の装飾を施すのには一三ドル七五セントかかった。

では、ここにいるのは誰だろう？　男たちだ。たいていは白人の男。黒人の男は大目に見られるかもしれない。ネイティヴアメリカンの入店は法で禁じられていた。だがほんとうにまったく歓迎されなかったのは中国人だ。不可解で説明のつかないことである。ワイルド・ウェストは鉄道工事のためにやって来た中国人移民だらけだった。しかし、誰もが彼らを嫌っていた。理由は何ひとつなかったように思われるが、嫌われる一方だった。気は進まないが、テキサスのサルーンのロイ・ビーン判事の話に戻ると、彼は一度、中国人を殺したかどで起訴された男のケースを担当したことがある。ビーンは法律書を調べ、以下のように宣言した。人間を殺すことは違法だと法ははっきり述べている。だが「中国人を殺すことを禁じた法など見つけられようもない」。

店にいる男たちは誰だろうか？　それはちょっとした謎である。苗字を訊くのも仕事を訊くのもひどく無作法なことだ。話はしてもいいが、話題は中立的でなければならない。奥の部屋へ行って、カード・ゲームに加わるほうが簡単かもしれない。ゲームはポーカーではなく、おそらくファロ〔faro〕だろう。純粋に偶然で勝敗が決まる、ポーカーよりずっと単純なゲームである。ポーカーがプレーされることもあったが、ずっとルールがシンプルで、展開も速く、何人でもプレーできるファロのほうがたいてい好まれた。ファロはイカサマをするのも非常に簡単だ。これは問題だった。全員が銃を持っていたのだから。

ここですべてが、ずっと避けてきたデリケートな問いにたどり着く。実際のところ、撃たれる確率はどのくらいだったのか？　その答えは素敵で明白だ。誰にもわからない、というものである。ひと晩に二件ほど殺人があり、そのあいだピアニストはずっと演奏を続けているというシーンがハリウッド映画にはよくあるが、そこまでひどくなかったのは間違いない（ちなみにピアノは大きくて重く、輸送がたいへんだったから、ツービット・サルーンにしかなかった。自動ピアノが登場するのは一八八〇年代のことである）。だがハリウッドだけをそのように評するのはアンフェアだ。そもそもシェイクスピア劇に描かれているほど普通の王族は暴力的ではない。現実の世界がドラマのように殺人だらけだったら、誰もいなくなってしまうだろう。

問題は、ワイルド・ウェストが定義上、効率的な官僚制を持たない世界だったことだ。ワイルド・ウェストとは、ふたつの出来事にはさまれた時代である。ひとつは収入源の発見。もうひとつは法と秩序と検死報告の到来。

もちろん逸話はいくつもある。人々はサルーンで実際殺されていた。ワイルド・ビル・ヒコック、ジャック・マッコール、ボブ・フォード、ジョン・ウェスリー・ハーディンなど、数えきれないほどの者たちが銃弾に倒れた。だが再度言うと、サルーンはたくさんあり、人々もたくさんいたのだ。ちょいと軽く飲んだだけで大したことは何も起こらなかった愉快な夜のことなど、誰も書き残したりしない。人々が書きたがるのは殺人のことだ。なぜなら殺人は面白いから。人々は殺人について読みたがるから。そしてそこに問題がある。ワイルド・ウェストは、まだ存在していたころから、すでにロマン化されていたのだ。ロイ・ビーン判事は、まだ生きているころから観光の対象になっていた。妻を殴る、人殺しの、中国人差別主義者のこの悪党は、かの有名な「ペコス川の西の法律」に会ったと言いたいがだけのために、うぶな観光客が何百人もサルーンにやって来て、安酒でぼったくられていたおかげで、金持ちになって死んだのだった。ガンマンは有名人になった。バッファロー・ビルもアニー・オークリーもシッティング・ブルも、みなイングランドを訪問し、ヴィクトリア女王に紹介された。

サルーンの客たちは確かに銃を持っていた。まったく普通のことだったが、銃に慣れていない者にとってはちょっとおどおどしてしまうようなことだったろう。銃を抜くこともあったし、ときには発砲もあったが、必ずしも害を与えようとしてのことではなかった。西部のサルーンについて最も冷静に書き残している者のひとり、ホレス・グリーリー〔一八一一―一八七二、新聞編集者、政治家〕によると、サルーンの客たちは「酔っぱらうと不注意にリボルバーを撃った。お互いに向けて撃つこともあれば、見境なくあちこちを撃つこともあった」。

たまたま見た人間の証言よりも、こちらのほうがおそらく実像に近いだろう。たとえば以下の文章では、牧牛の町のサルーンで、人々が単なる遊びで灯りを撃つ様子が語られている。

「クロンダイク」は（中略）村の繁盛店で、大きな鏡があり、大きな灯油ランプが天井から吊るされていて、カウボーイたちは気持ちが盛り上がると、このランプをふざけて撃って遊んだ。クロンダイクのオーナーは、ランプを大量に購入し、ランプの火屋《ほや》は樽単位で買っていた。

ワイルド・ウェストのどこにでも銃はあった。それはわれわれにとっては想像を絶するような事態だが、逆に、一八六〇年代のカウボーイを二〇一七年のロンドンのパブへ連れて行ったなら、彼もまた、われわれがスマートフォンを気軽に使っている様子に面食らうだろう。銃は確かに、殺しが必要なときには殺しに使われた。だが同様に、ランプでも何でも、ターゲットに選ばれたものを撃つためにも使われた。観光客はこれにおびえると同時に興奮した。たぶんそれゆえに西部の人々は、好んで観光客に銃を向け、酒を飲ませたりダンスを踊らせたりしたのだろう。けれども、喧嘩が始まったらもうおしまいだということも銃は意味していた。そのせいで喧嘩の数はおそらく減っただろう。あるカウボーイが、そのことを見事に表現している。

飲んでいるときに喧嘩は絶対しなかった。喧嘩をするのは、しらふで、自分が何をやっているかわかっているときだけだった。なぜって、飲んでいるとき俺はいつもすごく楽しかったから。みんなを愛していたし、みんなも俺を愛しているように思えた。

そこで話題は死から性へと移る。

まともな女性はサルーンに行かなかった。五人の男（うちふたりは夫）を撃ち殺したという噂のラウディ・ケイト・ロウのような、女店主の話も時々あるが、彼女たちは例外だ。とはいえ、サルーン・ガールはいた。彼女たちは、まともな女《リスペクタブル》と賃借り可能な女《レンタブル》とのあいだの存在である。あいだというのが正確にどのあたりなのかは定かでない。サルーン・ガールは客と話をしてくれる。手を握り、問題に耳を傾け、孤独な罠猟師が欲するあらゆる女性的な慰めの言葉をかけてくれる。酒をおごってもらえるかぎりは。その酒はほんものの酒ではなく――ウイスキーのように見えるが、冷たい紅茶だ――彼女たちがかけてくれる慰めの言葉も、たぶん本気ではないだろう。だが重要なのは、彼女たちが娼婦ではないことだ。または、通常はそうではなかった（その割合は当時であってさえ特定するのが非常に難しかった。一世紀半のちではなおさらそうだ）。

西部で女性は希少品だった。非常に、非常に価値が高く、彼女たちもそれがわかっていた。おしゃべりするだけで週一〇ドル稼げるのに、なぜわざわざ娼婦になるのか？　冷笑家であれば、孤独な男はセックスを求めるものだと言うだろう。ロマンチストであれば、あからさまにインチキな偽物の同情のほうを取りたい、ほんの一〇分間信じられさえすればいい、冷たい紅茶だとわざわざ確かめたりはしないと言うだろう。そしてこれは、ロマンチストのほうが科学的に正しいと知られている、ごくまれなケースだった。理論化したがるタイプの人間ならば、並行関係を指摘できるだろう――そこには見せかけの二階建てがあり、見せかけのウイスキーがあり、見せかけの愛情があったのだと。いずれにせよ、裏には売春宿があったかもしれないが。

フロンティアの男たちは、感傷的な野郎どもだった。何もない場所での夜はいつも歌で終わる。いちばん歌われた題材は母親だった。母親というのは、爆発や点描画と同様、離れたところから見ると素晴らしく見える。そして彼らは離れたところにいた。定番曲は、カウボーイお気に入りの「男の子のいちばんの友だちはお母さん」〔A Boy's Best Friend Is His Mother〕だった。

それから彼女を慈しみ
銀色の髪をなでなさい。
いなくなってしまえば代わりはいない。
そしてどこに行こうとも
ぼくたちは思い知るだろう――
男の子のいちばんの友だちはお母さんだと。

もっと感傷的ではない歌がよければ、こういう歌い出しの曲もある。「海がウイスキーなら俺はカモ」。

いつまで飲んでいていいのか、どこまで酔っぱらうのか、実際リミットはなかった。ウマはしらふだから、たぶん家まで連れて行ってくれるだろう。実際、ウマを忘れて帰ったり、一時的に乗ることができない状態になったりしても、杭につながれた縄を誰かがほどいて、家までウマを帰らせてくれるだろう。あるいは、ずっと飲みつづけていたっていい。やめる理由はないし、やめないこともほんとうにあった。サルーンでの飲酒について、珍しくも女性が残した記録を最後に紹介しよう。詳しく言うと、一八五一年のクリスマス、カリフォルニアの鉱山町のサルーンでの記録である。

その宴はクリスマスの夜、ハンボルト［・サルーン］で始まった。（中略）昼のあいだじゅう辛抱強いラバたちが、ブランデーの樽やシャンパンの籠を背負い、丘を下ってくるのが見えた。（中略）夜九時、牡蠣とシャンパンの食事を摂った。（中略）乾杯や歌、スピーチなどでとてもにぎやかだった。みんなひと晩じゅう踊っていたと思う。ともかく、わたしが就寝するときはみんな踊っていたし、翌朝起きたときも踊っていた。どんちゃん騒ぎはこの調子で三日も続き、時間が経つごとにますます盛り上がっていった。そのあいだずっと眠らなかった者もいた。四日めに彼らはダンスをやめ、酔っぱらって店内のあちこちにぐったり倒れると、この世のものとも思えない声を立てはじめた。イヌのように吠える者もあれば、雄牛のようにうなる者も、ヘビのようにシューシュー言う者も、ガチョウのような声を出す者もいた。行くところまで行ってしまったので、動物化した自己を真似ることしかできなくなってしまったのだ。

17　ロシア

　一九一四年、ロシア皇帝ニコライ二世は、ウォッカの販売をロシア全土で非合法とした。一九一八年、ロシア皇帝ニコライ二世とその一家は、エカテリンブルクの地下室で処刑された。このふたつの出来事は無関係である。

　ニコライ二世の論理をたどるのは難しくない。ふたつの事柄のあいだで彼は選択を行なった。ひとつは、第一次世界大戦が始まったが、近年ロシア軍は敗北しがちであり、その主な原因は、兵たちがひどく酔っぱらっているからだということ。もうひとつは、アルコールに課せられる税が国の収入の四分の一を占めているのに、戦争が始まった途端に主な収入源を断ち切るというのは、通常よくない考えだということ。

　ウォッカがどのくらいまでロシア革命の原因だったと言えるのか、歴史家たちは大盛り上がりで論争している。税収の喪失が国を破壊したのか？　ウォッカの禁止が社会的緊張を悪化させたのか？　するとロシアの法は、現在と同様、小屋で震えている庶民にしか適用されなかったことになる。愛する「リトル・ウォーター」［「ウォッカ」をもとのスラヴ語の意味にさかのぼり、英訳すると「little water」になる］を、金持ちはいまも別邸《ダーチャ》でぐいぐい飲んでいるのだと知って、庶民はいい気持ちがしなかった。高級レストランでならまだウォッカは買えたが、貧しい者には手が届かない。

またこういう説もある。一九一四年から一七年までの三年間は、ロシア史上唯一、人々がしらふだった時代であり、しらふであったため人々は、政府からどんな仕打ちをされているか気づくことができた。そういう仕打ちを人々にするときは、潤滑油が必要だ。ちなみにこれはレーニンの見解である。宗教は大衆のアヘンであり、アルコールは大衆のアルコールだと彼は考えた。だから彼自身あまり酒を飲まず、ウォッカ禁止令も解かなかった。禁止が撤回されたのはようやく一九二五年、スターリンによってのことである。

あなたが現代のロシアに暮らしているならば、あなたは二三・四パーセントの確率で、アルコール関連の原因から死に至るだろう。帝政の時代、そのリスクはさらに高かった。

ロシア史の初めのころに飛ぶと、西暦九八七年、生まれたての王国〔キエフ大公国〕の支配者だったウラジーミル一世は、民の宗教をひとつ選ぶため、各主要宗教の代表者を招いた。ユダヤ教は、教徒が故郷を持たないと知って却下した。イスラム教は、肉欲の楽園を語るのを聞いて興味を惹かれた（ウラジーミルは「女と放埓が好き」だった）。だがアルコール禁止だと言われると、彼は分別ある皇帝のふるまいをした。


「酒はルーシの民の喜びである。その喜びなくしてわれらは存在しえない」と彼は言った。


というわけでロシア人はクリスチャンになった。

この話は、みなさんが思われるよりも信憑性の高いものである。宗教の代表者を呼んで、民全員の宗教をひとつ選ぶのは、当時はかなりよくあることだった。この話は一世紀後に『原初年代記』に書き残されたもので、『原初年代記』は、初期ロシア史に関し最も信頼できる原典である。*

今度は逆に現代近くへ飛ぶと、一九八五年、ミハイル・ゴルバチョフは禁酒キャンペーンを開始した。ペレストロイカが始まっていて、視察の模様はテレビ放送され、彼は実際に国民と対話した。国民のひとりが、ビールなどの必需品が高すぎると訴えた。ゴルバチョフの答えは、アルコールは生活必需品ではないというものだった。六年後、共産主義ロシアは終わりを告げた。

ロシア人は酒が好きだ。人に飲ませるのも好きだ。この傾向はずっと昔までさかのぼる。早くも一五五〇年代に、神聖ローマ帝国からの使者が次のように記していた。

> モスクワ大公国の国民は、人と話し、酒を飲むよう説き伏せることの、まさに達人である。ほかの者たちが怠っていたとしても、ひとりが立ち上がって大公への乾杯を呼びかければ、その場にいる者は全員必ず酒を飲み、杯を空《から》にする。（中略）乾杯を呼びかけた男は部屋の真ん中に立ち、脱帽して、大公をはじめとする君主に望むこと――幸福、勝利、健康――を述べ、敵の血管に流れる血が、自分の杯のなかの酒ほどの量になるようにと願う。杯を空にすると、彼は自分の頭の上に杯を伏せて置き、主君の健康を祈る。

この習慣のおかげで、ロシア人は並外れた飲酒強要能力を手に入れた。本書の他の章では、酔

* なぜなら、ほかにはないので。

っぱらうのは任意のこと、あるいは禁じられたこと、あるいは眉をひそめられること、あるいは特定の時と場に限られていることが多かった。しかもその特定の時と場は、回避可能なものだった。確かに、全員が乾杯に参加せねばならない文化はたくさんある。だがその乾杯は、宴の始まり（またはミサの最後）の一、二杯であることが普通だ。シュンポシオンやサルーンは行けば飲むことを要求されるが、必ずしも行く必要はない。もちろん、酒を飲めという社会的圧力はつねに存在しているし、オレンジジュースを頼むヴァイキングになどなりたくないのも確かだが、ロシアでは、酒を大量に飲むよう強制することが、ビジネスや外交、政治の一部なのだ。

ロシアの話をすると必ずスターリンの名前が出てくるが、これはほんとうは可笑しなことだ。彼はロシア人ではないし、スターリンも彼の名ではないのだから。* スターリンが恐怖で支配したことは当然よく知られているが、その恐怖支配はもちろん、政府の上位にまで及んだ。だがフルシチョフや、秘密警察の長であるベリヤほどのトップクラスになると、スターリンは恐怖に加えて酒によっても支配したのである。

方法は単純だ。政治局メンバーに電話をかけ、夕食に招待する。断わることは実質不可能だ。夕食の席でスターリンは、彼らにひたすら酒を飲ませる。これまた断わることは不可能だ。フルシチョフは以下のように回想している。

ほぼ毎晩電話が鳴った。「来たまえ、食事をしよう」。ひどく嫌な食事会だった。家に帰るのは明け方近くで、それでも仕事に行かねばならない。（中略）スターリンとの食事の場で居眠りしようものなら、恐ろしいことになった。

スターリンは側近に対して、ソヴィエト国民が喜んで人に行なうのと同じことをしていたに過ぎない。一九三九年のモロトフ＝リッベントロップ協定〔独ソ不可侵条約〕を祝う夕食会では、まだ食事がひとつも運ばれてこないうちから、二二回も乾杯が行なわれたものだ。だがスターリンの私的な夕食会には、もっと悪夢のような側面があった。スターリンの命令で殺されたジノヴィエフの、死ぬ間際の悲鳴をベリヤが真似るのを見て、スターリンは涙が出るまで大笑いした。この独裁者は、フルシチョフの禿げ頭にパイプをトントンと打ちつけて、コサックダンスを踊るよう命じた。副国防人民委員は毎回池に突き落とされた。

スターリン自身はあまり飲まなかった。少なくとも客よりはるかに飲む量が少なく、彼が飲んでいるウォッカはほんとうは水だという噂もあった。このごまかしをベリヤが実際にやってみたことがあるが、見抜かれてしまった。最終的に彼は達観し、次のように述べている。「われわれは酔わねばならない。早ければ早いほどいい。早く酔っぱらえば、それだけ早くパーティーも終わるだろう。いずれにせよ、しらふで帰してはもらえないのだ」。

重要なのは、政治局のメンバーをはずかしめ、お互いに対立させ、彼らの口を軽くすることだった。反スターリンの陰謀をたくらむのはそもそも非常に難しいことだが、毎晩本人の前で泥酔しなければならないとしたら、それはいっそう難しいことになる。

これは何も新しいことではなかった。ウォッカを無理矢理飲ませるロシアの恐ろしい独裁者に

＊ ジョージア人〔グルジア人〕で、ヨシフ・ヴィッサリオノヴィッチ・ジュガシヴィリという名だった。「スターリン」は革命活動家名で、「鋼鉄の人」という意味である。

ついては、長い、そしてしばしば愉快な歴史がある。スターリンとピョートル大帝（一六七二―一七二五）の大きな違いは、ピョートルが、人に飲ませるのとまさに同じくらいたくさん飲んでいたことだ。

ピョートルの飲酒についての話はいろいろあるうえ、かなり信じがたい。ある話によると、彼は朝食にウォッカ一パイントとシェリー酒をボトル一本飲み、さらに八本飲んでから出掛けたという。別の話では、数値は同じだがウォッカがブランデーになる。ありえなくはないかもしれない。ピョートルは六フィート七インチ〔二メートル強。さらに長身だったとする文献もある〕の大男だったから、標準的な人間よりも酒を飲めるキャパシティが大きかったかもしれない（そしてこのことは、彼がこびとに夢中だった理由の説明になるかもしれない）〔ピョートル大帝は周囲にこびとを何人も集めていた〕。

スターリンがロシア政府を、実質的に飲酒クラブに変えたのだとすれば、ピョートルはロシア政府を、公的に飲酒クラブに変えたのだった。まず彼は「楽しい仲間たち」と名乗る集団を結成した。酔っぱらい版宮廷パロディのようなものである。メンバーになるにはピョートルと同じペースで酒を飲む必要があったが、簡単なことではない。ピョートルは、一五〇〇人の人々と自分のペットのサルを収容できる、クラブハウスのようなものを持っていて、そこで開かれる宴は、ひたすらウォッカで乾杯しつづけることで始まった。食事が来る前に全員必ずへべれけにしようとしてのことである。

「楽しい仲間たち」は、次いで「最高狂気・最高道化・最高酩酊宗教会議」へと変化した。これはロシア教会のパロディだ。だが、ここでどんちゃん騒ぎをしている連中は政府の者たちであり、同時に、酔っぱらい版政府パロディでもあった。ピョートルの秘密警察の長、ロモダノフスキーもメンバーだった。ベリヤ同様、彼は酒飲みであり、飲酒強要者だった。ロモダノフスキーはクマを飼っていた。そのクマが、ペッパー入りウォッカのグラスを客に持っていく。断わられたら襲うようしつけられていた。

ピョートル自身も、酒を飲んでいない者に特別な罰を科していた。「大いなる鷲《ボリショイ・オリョール》」というものである。一リットル半のワインが入る巨大なゴブレットだ。飲むのを控えているところを見つかった者は、これを一気飲みするよう強要される。最高酩酊宗教会議のメンバーだけでなく、全員に適用された。泥酔の価値を、それを強要することによって得られる力の価値を、人をゲロ吐きのポンコツに引き下げてしまうことで得られる力の価値を、ピョートルは知っていた。デンマークからの使者がピョートル大帝とともに船に乗ったとき、あっという間に、これ以上飲めないという状態になってしまったことがある。それでその場から逃れようと、マストによじ登って帆の陰に隠れた。ピョートルは使者を見つけると、ポケットにワインのボトルを押しこみ、口に「大いなる鷲」をくわえ、彼を追ってマストを登った。使者は無理矢理飲まされた。

ピョートルは確かに偉大な人物で、重要な改革をたくさん行なった。あごヒゲ撲滅とか。しかし必ずしもいい人物ではなかった。プロイセンからの使者が、自分の目で見た出来事として、次のようなことを語っている。ピョートルが、二〇人の囚人と二〇杯の酒を並べるよう命じた。それから彼は酒を全部飲み干し、剣を抜いて空《から》のグラスひとつひとつに傷をつけると、ひとりの囚人の首を喜々として斬り落とした。そして使者に向かい、あなたもやってみますかと尋ねた。

スターリンはイワン雷帝(一五三〇―八四)の大ファンでもあった。近距離政治支配の道具として飲酒を用いた先駆者だ。イワン雷帝は部下たちに酒を飲ませた。朦朧としたり、ひどく興奮したりするぐらいまで泥酔していない者がいると、「イワンの友人たちが」二杯目、三杯目を追加した。飲みたくない、またはそのような逸脱を犯したくないという者に対しては、非常な叱責を行なうとともに、ツァーリに向かって次のように大声で呼びかけた。「ご覧ください、こちらの者は、こちらの（名前を言う）は、陛下の宴で楽しみたくないと申しております。陛下とわれわれのことを、酔っぱらいだと非難し、あざけり、偽善的にも自分だけが正しいふりをしているのです！」

イワンは自分の動機を隠そうともしなかった。宴にしばしば書記を連れてきて、みなが酔って何を言ったか書き留めさせた。このメモは翌朝客たちの前で読み上げられ、然るべき罰が遂行された。その罰は、控えめに言っても想像力に富むものだった。イワンは殺しや強姦について、独自のふざけたやり方を持っていた。（そして時には、まったく警戒していない修道士たちに向かい、飢えたクマを放つこともあった。かなり楽しそうだ）。だがおそらく、彼の最も残酷な行動は、パーティーから帰ったばかりの者の家に、さらに酒を送りつけることだった。酒は兵が配達し、その場で全部飲み干されるかどうかしっかり見届けることになっていた。

さて、こうしたことはみな、ウォッカ漬けの独裁者が持つ性癖についての、単なるオモシロ話だとも言えるし、変わった点は特にない。北朝鮮の金正日は一年に一〇〇万ドルをヘネシーに費やしたと言われており、ヴィクトリア女王でさえ、ウイスキーとクラレット〔ボルドー産赤ワイン〕

を混ぜたものを愛好していた。* だがロシアで飲酒が重要であるのは、五〇〇年にわたって伝統が受け継がれているからというだけでなく、ロシアの支配者が、側近に対するのと同じことを民衆にも行なったからである。全部イワンのせいだ。

一五五二年、イワン雷帝は、タタール人の町カザンを包囲し、征服した。住民を喜々として殺戮するなかで、彼はふと動きを止め、酒場《カバキ》にまじまじと見入った。それは国営だった。タタール人はアルコールに課税せず、儲けを全部取っていたのだ。イワンは急いでモスクワに戻り、聖ワシリイ大聖堂を建立して戦勝を祝った。そしてまた、ロシアの酒場を国営化した。

こうして、国が飲酒を推進するという奇妙なシステムが生み出された。カバキは実質的に公務員によって運営されていた。「コミュニティの中心である、地元の陽気な酒場主」などはいなかった。酒場の主人は、あらゆる町、あらゆる村からできるかぎりの金を吸い上げるという任務を帯びた、政府の雇用者だった。市民にウォッカを売りつけるのに役立つのであれば、どんな法改定も行なわれた。酒を控えよう、静かな夜を過ごそうと呼びかける善良な人々は、みな逮捕された。イワンの新システムがどのようなものだったか、イングランドからのある旅行者が記述している。

彼の領土の大きな町には、必ずカバキ、すなわち酒場があり、アクア・ウィタエ（ロシアのワインと呼ばれている）やミード、ビールなどが売られている。ここから彼は、膨大な額にな

＊ これはそれほど悪いものではないと、試してみてわかった。

る金を得ている。年間八〇〇ルーブル納めている店もあれば、九〇〇ルーブルの店も、一〇〇〇ルーブルの店も、二〇〇〇ルーブルの店も、三〇〇〇ルーブルの店もある。そこでは、彼の国庫をうるおそうとする卑劣で不誠実なこの行為のほかにも、多くの不快な過ちが行なわれている。貧しい労働者や職人が、妻や子どもたちのお金を全部つぎこんでしまうことはたびたびだ。二〇、三〇、四〇ルーブル、あるいはそれ以上をためこんでから、全部使い果たすまでカバキに身を捧げてしまう者もいる。そしてこれは（彼が言うだろうことによれば）大公、または皇帝を讃えてのことなのだ。あなたもそこへ行けば、身ぐるみはがれるまで飲んで、裸で歩いている者（「ナガ」と呼ばれている）をたくさん見るだろう。カバキにいるのであれば、彼らはどんな理由があろうと呼び出されることはない。なぜなら、皇帝が収入を得るのをさまたげることになるからだ。

国はアルコールからの収入に依存していた。つまり、アルコール依存の人々に国が依存していたということだ。程度の差こそあれ、たいていの国は、国民の飲酒を制限しようとしてきた。犯罪や暴動、家庭硬化症、肝臓の破壊を憂慮してきた。ところがロシア人の国では、これよりも収入のほうがつねに重視されてきたのである。ここで話は一気に、ニコライ二世の一九一四年の選択へとつながる。しらふであることと収入とのあいだで選択を行ない、四〇〇年の伝統を断ち切ったことで、ウォッカ依存の帝国を崩壊させたことへと。

ウォッカが広まったのは、偶然でもなければ予想外のことでもない。[*] 弱い酒よりもウォッカのほうが、つねに推奨されてきた。ロシアの飲酒の歴史は、ジン狂い時代の裏返しである。庶民がしらふになってしまうことを、支配階級がひどく恐れたのだ。ロシア史における本格的な禁酒運動は二回だけ、ミハイル・ゴルバチョフとニコライ・ロマノフのそれである。

今日ではもちろん、こうしたことは全部変化して、ロシアには新たなる楽しいしらふ状態、優しくて思いやりのある政府が出現している。平均的なロシア人男性は一日にウォッカをたったボトル半分しか飲まず、二〇一〇年には財務大臣アレクセイ・クドリンが、財政問題を解決する最善の方法は、もっとたくさん喫煙し、もっとたくさんウォッカを飲むことだと宣言した。「飲酒する者は、人口を増加させ、公共事業を発展させ、出生率を維持するなどして、社会問題の解決により多く貢献している」。

* ウォッカがロシアに到来したのは一五世紀のことだ。素敵な物語がいくつか伝えられているが、それとは関係なく、蒸留法を伝えたのはおそらくヴォルガ川を行き来していたジェノヴァ商人だろう。そこから先は、たいていの蒸留酒にお決まりの展開になる。熱狂的に飲まれているうちに、薬が快楽になったわけだ。

18 禁酒法

アメリカの禁酒法はご機嫌に上手く行っていた。そうでないとは誰にも言わせない。憲法修正第一八条〔禁酒法〕が、一三年間の施行を経て一九三三年に廃止されたとき、この法は首尾よく行った、やるべきことを見事に果たしたと、法の支持者のほとんどは思ったのだった。

歴史上最も愚かな法として普通言及されるのに、かなり奇妙な診断のように思われるかもしれない。だがそれは、この時代全体があまりに神話と神秘に包まれてしまっているため、博識な人でさえ、何がなぜ起こったのかを正しく理解できていないからだ。禁酒法時代に関する大衆神話は次のようなものである。

1. 禁酒法は一九二〇年、アルコールを好まない、ごく少数の偏屈な保守派によって導入された。彼ら以外は誰も望んでいなかった。
2. アメリカ国民はただちに全員ニューヨークのもぐり酒場《スピーキージー》へ行き、以前の二倍の量の酒を飲み、ジャズを発明した。
3. これにより、合衆国がアル・カポネという人物に掌握されるという、予期せぬ結果が招かれた。カポネは軽機関銃《トミーガン》で誰も彼もを撃ちまくった。
4. とうとう一九三三年、禁酒法はばかげていると全員が判断し、法は撤廃された。
5. 以上はまさに、アメリカ的愚かさの古典的実例である。

ジャズの件を除き、右に書かれたことはすべて間違いだ。ジャズはイタリア料理や英国客船などと並び、禁酒法の驚くべき副産物であった。だがこれらの話にはあとで戻ろう。まずは項目ごとに確認していきたい。

誰が禁酒法を望んだのか？

禁酒運動は保守主義ではなかった。フェミニズムだった。国を改革し、かつて耳にしたことのないような、新たなしらふ状態に向かわせようとした点において、言葉本来の意味での進歩主義だった。中西部的でもあった。そして最後に、禁酒運動は――これは最も驚くべき点だが――アルコールに反対するものではなかった。

サルーンに反対していたのである。

ずっと昔のはるか遠くで、つまり16章で、まともな女はサルーンにはいなかったとわたしは書いた。ではどこにいたのか。貧困と死の恐怖を抱え、憤慨しながら家にいたというのがその答えだ。夫は賃金をもらい、サルーンへ行って全部使い果たし、一文無しで怒りながら家に帰り、妻を殴るものだと西部では広く思われていた。妻は傷だらけで貧しく暮らしていた。サルーンが全部お金を巻き上げてしまうのだから。

これがどこまでほんとうだったかは誰にもわからない。ドメスティック・ヴァイオレンスに関する数値を、起きている最中につかむのが困難なのは周知のとおりだ。正確に何が起こっていたのか、それが何パーセントの丸太小屋で起こっていたのかなんて、決して推定できないだろう。われわれの目的にとって重要なのは、こういうことが起こっていると人々が信じていたという事実である。これに関する戯曲や小説も書かれた。『酒場の十夜とわたしがそこで見たもの』〔*Ten Nights in a Bar-Room and What I Saw There*〕は、アメリカで『アンクル・サムの小屋』の次によく売れた小説であり、そしてどちらの小説も、間接的に憲法修正条項をもたらした。『酒場の十夜』はサルーンを、男を引きこむ邪悪な誘惑者として描いている。引きこまれた男は、アルコール依存と暴力、貧困、死への道を、まっしぐらに突き進まざるをえない。金髪の娘が現われて、「パパ、家に帰りましょう」と言ってくれるときだけ、この道のりは中断する。しかし彼は帰れない。彼ははまってしまっている。『酒場の十夜』においては、酒飲みでさえ禁酒法を望む。

その結果アメリカの女性たちに、政治的大覚醒が起こった。当時の女性はサルーンにも投票ブースにも入れなかったから、前者のすぐ前の道へと抗議行動に繰り出した。集まり、ひざまずき、祈った。こんな光景はこれまで誰も見たことがなかった。

一八七三年、彼女たちはキリスト教婦人禁酒同盟〔the Woman's Christian Temperance Union〕を結成した。一八九〇年代には、禁酒法制定を目標とする、反サルーン連盟〔the Anti-Saloon League〕がこれに取って代わった。どちらの団体も、その名に正体のヒントが刻まれている。だがもっともっと名状しがたい部分があった。レトリックを取り出すのは難しいが、彼らはアルコール自体に反対していたわけではなかったのである。彼らが反対したのは、サルーンにいる男たちと結びつけられていた行動パターンだった。ニューヨーク在住の作家が日曜のランチにクラレットのグラスを傾けていようが、彼らにはどうでもよかった。そんなものは頭をよぎりさえしなかった。彼らはサルーンに、家庭内暴力と家庭内貧困を扇動するものとしてのサルーンに反対していたのである。

重要なことに、反サルーン連盟は、禁酒の誓いをメンバーに決して求めなかった。もちろんメンバーの多くは完全禁酒主義者だったし、アルコールがもたらす災いについて、山ほど演説したり、パンフレットを刊行したりしていた。だが、そのアルコールがアルコール全部を指していたのか、それともサルーンで飲まれるアルコールを指していたのかは、まったく明らかでない。そして多くの者たちにとっては、意味するところは後者だった。来たるべき戦いには三つの大派閥が登場する。完全禁酒主義者で、禁酒法を求める「ドライ」。飲酒を行ない、禁酒法に反対する「ウェット」。自分は飲酒を行なうが、他の人々の飲酒は認めない「ドリンキング・ドライ」。この第三の集団は大きな勢力だった。そしてのちに見るとおり、彼らの立場は、一見して思われるほど奇妙なものではない。

反サルーン連盟のなかには、ほかの種類の者たち――福音派と偏屈者、利害関係者のおなじみの混合――もいたが、運動としての禁酒主義は、第一にフェミニズムであり、進歩主義であり、中西部的であった。

次に、時期はいつだったかという問題がある。禁酒法の時代を特定するのは、素敵にすっきりとした簡単なことで、とりわけこのインターネット時代においては容易である。それは一九二〇年一月一六日に始まり、一九三三年一二月五日に終わった。以上。

アルコールを禁じる州法はというと、この時点で半世紀以上にわたって各地で制定されていた。最初に制定したのはメイン州で、一八五一年のことだったが、実行不可能とわかって数年後には撤廃してしまった。だが一九世紀の終わりごろから二〇世紀初めにかけ、このよきものをさまざまな州が相次いで禁止しはじめる。まるで戦死者リストだ。一八八〇年、カンザス州。一八八二年、アイオワ州。禁酒法そのものがそうだったのと同様、あまり効果はなかった。アルコールは州境を越えてこっそり簡単に持ちこめた。一九一三年の時点で、過半数のアメリカ人は、州による何らかのアルコール規制法の下に暮らしていた。女性たちは勝利しつつあり、ドイツ人は敗北しつつあった。

禁酒法制定運動を主導したのが中西部のご婦人たちであったとすれば、反対運動を主導したのはドイツ系アメリカ人だった。醸造所はみな彼らによって経営されていたのだ。ほとんどの移民集団と同様、ドイツ系には完全禁酒だの節酒だのの伝統はまるでなかった。伝統といえば冷えた美味しいビールを造ることであり、ビールはたくさんのお金をもたらしたから、彼らはそのお金をつぎこんで、ラガーを宣伝し、ドライに反対する広告キャンペーンを展開した。それらの広告には、ドイツの伝統的レシピに則って醸造され、幸福なドイツ農民が飲む、(ウイスキーとは反対に)健康によいドイツ飲料としてのビールが描かれている。なぜならみんなドイツ人のことが大好きだから。

そのとき第一次世界大戦が勃発した。世界大戦のときはいつもそうだが、アメリカ人はちょっともたもたしていた。けれども一九一七年、世界というのは自分たちが属している世界のことだとようやくわかったアメリカ人は、穀物供給を維持する必要があると気づいて蒸留酒の製造を禁止した。

酒擁護運動はいまや危うい立場にあった。国のほとんどの地域で、さまざまな形態のアルコール禁止法が施行されていた。これに反対することは、敵国に味方するのと完全に同一視された。そして、恐怖中の恐怖、災厄中の災厄として、女性が投票権を得ようとしていた。

ドライ派は単一の争点に注目するので、かなり有効性の高い投票者になる。だから接戦の選挙の場合、候補者は、ドライ派だと宣言することで決定的な投票者集団を確保できた。このため、ほんとうは酒飲みなのに公的には禁酒法に賛成する政治家が、ものすごくたくさん現われた。じきに女性参政権が成立し、何もかもおしまいになった。アメリカのほとんどの女性と多くの男性、反サルーン連盟、議席を維持したい上院議員全員は、それが何を意味するのかをまったく考えることなく、修正第一八条を支持したのである。

自由を制限した唯一の憲法修正条項であり、のちに廃止された唯一の憲法修正条項であり、禁酒法と同一視されている修正第一八条は、何を禁止しているのか、ほんとうのところはまったく言明していない。ただ「酩酊性の」〔intoxicating〕飲料を非合法としただけで、それが何なのかは言っていないのである。

この修正条項が可決され、ビール醸造業者はかなり安堵した。ワイン醸造業者も、ドリンキング・ドライ派もそうだった。禁酒法はアルコールについての法ではなく、泥酔とサルーン、暴力についての法だと誰もが知っていた。これはウイスキーについての法だった。楽しく健全で健康的な飲み物であるビールは、酩酊性ではない。問題にされていたのは、極端に強いワインと蒸留酒だったのだ。だが禁酒法は二部に分かれている。憲法修正条項がある一方で、もう一方に、修正条項の実際の内容を定義したヴォルステッド法があった。ヴォルステッド法の規定によると、「酩酊性」は、アルコール度数が〇・五パーセントを超えるものを意味していた。

これはかなりの驚きだった。とりわけドリンキング・ドライ派にとってはそうだ。問題は、ほとんどの圧力団体がそうなりがちであるように、反サルーン連盟が、最も過激なメンバーに乗っ取られてしまったことだった。彼らが法を起草してアンドルー・ヴォルステッドに渡し、ヴォルステッドはそれを、実質的にそのまま下院に提出したのである。

禁止令

そしてこれは、半分は機能した。禁酒法にまつわる最大の神話は、これによってアルコール消費量が実際には増加したというものである。これはばかげている。合法的アルコール消費量の記録は一九二〇年に終了し、三三年に再開されるが、三三年の時点で、消費量は二分の一強にまで下落していた。

確かに一部の地域ではアルコール消費量は増加した。ニューヨークは明白な例だ。だが、禁酒法の神話と正しい歴史とが分岐するのはまさにここにおいてである。われわれは、大都市における禁酒法がどんなものだったかをずっと耳にしてきた。なぜなら、これが物語のなかでも、楽しくてどきどきするグラマラスな部分だからだ。誰もがスピーキージーにいて、小説を書いたり、聖ヴァレンタイン・デーには虐殺をしたりしている。F・スコット・フィッツジェラルドがメモを取り、ジョージ・ガーシュウィンが隅っこでピアノを弾いている。

ワイオミングの田舎はこうではない。この地域の人口密度はギャングたちから見れば、配送と人的資源という点で、事業を遂行する上では悪夢だった。禁酒運動が始まり、最初の唱道者たちが歓呼の声を上げた地である米国中西部のスモールタウンでは、サルーンは閉鎖されていた。

スモールタウンには、警察から隠れたりスピーキージーを開業したりする路地も充分にはなかった。アルコールが入りこむことは可能であり、実際入りこんだ。密造酒工場が森のなかに作られたし、密売人が酒を持ちこむこともあった（よいものとは限らなかった。〔カンザス州の〕ウィチタでは、大量に持ちこまれた怪しげな酒のせいで、たった一日で五〇〇人もの人々に障害が残ったことがあった）。だが、いずれにせよサルーンは閉鎖されており、そのため行動パターンは解体されていた。乱暴に言ってしまえば、これによって、刺激的なことで悪名高い古きよき西部は、刺激的でないことで悪名高い中西部へと転じたのである。

予期せぬ結果

都市部では禁酒法はかなり違う影響をもたらした。とはいえ効果を発揮したのは確かだとあなたは主張しようとしているかもしれない。だからわたしがしよう。

明らかなマイナス面として現われた影響は組織犯罪だった。これは間違いなく、古きよき修正

第一八条によっていくらか促進されている。とはいえ大げさに言われている部分もあるだろうし、たいてい大げさである。アル・カポネの残虐な殺人体制の下にあったシカゴの殺人発生率は、人口一〇万に対し、銃弾を撃ちこまれた死体一〇・四だった。二〇一六年のそれは二七・九である。トミーガンにまつわるあれこれは、大衆の想像力のなかでひどく誇張されている。それよりひどかったのは汚職だ。嘆かわしいほど資金不足だった警察は、収賄を始めた。禁酒法がなくなってからも、この習慣はなかなか断ち切れなかった。ボストンでは、警察本部と同じブロックに四つもスピーキージーがあった。実際、法を遵守するという考え方自体が叩かれているようなものだった。規則を笑い、スピーキージーで過ごす者を指す、「スカフロー」〔scofflaw 現在では「軽い法律違反を犯す者」を意味する〕という新語も誕生した。

さていまこそ、スピーキージーがどんな場所だったか、描写すべきタイミングだろう。だができない。ひとつひとつがものすごく違っていたのだ。われわれはみな、映画から得たイメージで、覗き窓とジャズバンドがある場所だと固く信じているかもしれない。しかしスピーキージーは誰かのアパートでもよかったし、そういうケースは多かった。たとえば、多くの下宿屋はイタリア人が経営していた。彼らは部屋を開放し、キャンティとパスタを提供した。食の歴史の研究家によれば、米国におけるイタリアン・レストランの始まりはここだという。ワインを求めて出向いた人々が、スパゲッティ好きになって帰ってくるわけだ。

酒さえ得られるなら、人々は黒人居住地区にも出向いた。ニューヨークの主要黒人新聞で、あるコラムニストは、「白人教会であるか黒人教会であるかを問わず、ここ一〇〇年間に教会が成してきたよりも多くの貢献を、ナイトクラブは、人種間関係の改善に対して成している」と述べている。スピークイージーに関する重要な点は、これが一から作られた新たな飲酒形態であり、したがってルールがなかったということだ。サルーンは、一世紀にわたる伝統が築き上げた場所だった。サルーンには真鍮のレールが不可欠であり、女性を客として入れることはなかった。スピークイージーは何でもできたし、どんな場所にもなりえた。

禁酒法が招いたおそらく最も驚くべき結果は、女性がスピークイージーに行ったことだ。これを防ぐルールも習慣もなかった。さて、禁酒法の目的がアルコール消費を止めることだったとすれば、これは明らかに大失敗である。だが、サルーンという暴力的な男性世界を破壊することが禁酒法の目的だったと考えるなら、大勝利だったと見なされよう。サルーンは「ガラガラヘビも母親を連れて行かない」場所だった。かたやニューヨークのあるスピークイージーには、次のような看板が掛かっていた。「この門をくぐりて世界最高の美女たちが酩酊す」。高級なスピークイージーはパウダールームさえ設置していた。勝利は成し遂げられた。女性は投票権を獲得し、それにともないカクテルをも手にしたのである。

カクテルは店でかなりお薦めされていたが、中身は以前と違っていた。一八世紀のロンドンでそうだったように、最も簡単に造れる密造酒はバスタブ・ジンだった。これは極めて低品質の代物である。多くは盗んだ工業用アルコールからできていて、おおぜいの人々がからだを壊した。医学的影響よりもさらに悪かったのが味だ。カクテルは（すでに見たとおり）以前から米国にあったが、いまやその性格を変え、酒に対する混ぜ物は、ただ味をごまかすためだけに入れられていた。ソーダはあまり役立たないが、トニック・ウォーターはまずいジンのとがりを消してくれる。ウイスキー、またはウイスキーだということになっているものには、完全に味がわからなくなるまでジンジャービールが混ぜられた。コカコーラは大々的に売り上げを伸ばしたが、それはアルコールの代理としてではなく、アルコールのお供として飲まれたのだった。

禁酒法がもたらした最大の、そして最も長期にわたる影響は、アメリカ酒造業界の壊滅である。よいワインやウイスキー、ビールなどを造るのは手のこんだ難しい事業だ。特別な装置と、それを動かす特別な人々が必要である。一三年間にわたり米国は、合法的な醸造所も蒸留所もない状態になった。安酒をバスタブで混ぜるごろつきどもはいたが、飲むに値する酒を造る、ほんものの、特殊で、専門的な、難しい世界で働いていた人々は、無職になってしまった。彼らは米国を離れた。さもなくば別の職の訓練を受けた。彼らの仕事はなかった。仮にギャングのために働いてもいいと思ったとしても、ギャングたちには装置も物資もなかった。手練れの蒸留職人を連れてきても、盗品の工業用アルコールと地下室だけを与えて、芳醇な風味だのあれやこれやだのを備えた、上質なモルトウイスキーを造ってもらえるわけがない。高度に洗練された産業は消え失せてしまった。一五〇年間変わらぬ製法を謳う米国製ウイスキーの広告は、何であれみな嘘である。* 空白期間が一三年間存在し、そのあいだに昔の装置はすべて破壊され、昔ながらの製法を知る人々は、みな業界を離れて別の職を得たのだから。

これと並行して起こったのが味の劣化だ。国境や港の近くに住むわずかな数の人々は、きちんとした輸入品を手に入れることができた。だが一九三三年に禁酒法が廃止されたとき、ほとんどの人々は、一三年間まともな酒を味わったことがなかったのである。美味しいビールがどんな味だったか、人々は思い出せなかった。醸造者も美味しいビールの造り方が思い出せなかったのだから、これは好都合だった。以後半世紀、当然のこととしてアメリカは、まずいビール、ひどいワイン、むかつくライ・ウイスキーを造る国と言われることになる。これこそ修正第一八条の、最悪かつ最も有害な成果であった。

最後に、禁酒法の風変わりな影響として、大西洋横断客船事業を英国が独占したというものがある。なぜかといえば、英国の客船では酒が販売されていたからだ。**

なぜ禁酒法は終わったのか?

禁酒法が終わったのは、人々が酒を欲しがったからではない。人々が職を欲しがったからである。一九二九年の株価大暴落によってアメリカ経済は破壊され、困窮者をおおぜい雇用しうる事業を禁止するなどという贅沢は、もはやできなくなったのだ(客船事業を含めて)。いずれにせよ、禁酒法は目的をすでに果たしていた。サルーンはなくなったのだから。

シカゴ在住で、熱心なびしょびしょのウェット派だったジョージ・エイド(一八六六—一九四四、作家・劇作家)は、一九三一年、『昔年のサルーン:非ウェットー非ドライ、ただの歴史』という本を書いた。この時点で彼は次のように指摘している。

* 非常に奇妙なことだが、ジャックダニエルのリンチバーグ蒸留所はムーア・カウンティにあって、ここはいまなおドライな地である。

** 短期間だが、酒を載せている英国船がアメリカに停泊することを、合衆国は禁じようとしたことがある。これは英国国会を激怒させた。英国国会は、酒を載せていない米国船の英国停泊禁止について、まさに議論していたところだったのだ。

二五年前の法によって、半数以上の州はドライになった。戦時中に公共の飲酒の場はすべて制限され、一一年前には、サルーンを一軒残らず地図上から消去しようとする連邦政府の法が施行された。ここで立ち止まって計算してみよう。反禁酒法の砦だと現在見なされている都市においてさえ、三二歳未満の者は、誰もサルーンの店内を見たことがないのである。

エイドは絶対的な飲酒擁護派だったが、サルーンは根本的にひどい場所だと認めており、禁酒法の廃止は求めているものの、公共の酒場は復活すべきではないと考えていた。なぜならサルーンが根本的に男性の場で、悪意に満ち、ウイスキー漬けだったからだ。

サルーンは復活しなかった。禁酒法撤廃はスピーキージーを合法化した。グラス一杯のワインを提供したいと望むレストランを合法化した。巡航客船事業を救った。しかしサルーンを復活させはしなかった。禁酒法は上手く行ったのだ。

一九一九年の時点でアルコールそのものに反対しており、禁酒法撤廃の際に落胆した人たちは、確かにいくらかいた。だが彼らは少数派だった。ドライ派だけでは、憲法修正条項案をとおすことは決してできなかっただろう。禁酒法は、特定の飲酒施設と結びついた行動パターンに関するものだった（ドリンキング・ドライ派が存在しうるのはそのためである）。そしてその行動パターンは撲滅されていた。仮にあなたが、禁酒法は反アルコールキャンペーンだったと（本質的にそうではなかったのだが）どうしても考えたいのだとしても、それは実際、合衆国のアルコール摂取量を半分にしたのである。ひとりあたりの消費量が禁酒法以前のレベルに戻ったのは、一九七〇年代になってのことだ。一九三九年の時点で、およそ四二パーセントのアメリカ人は、まったく飲酒をしていない。

最後に、禁酒法は一九三三年で終わったとは言いきれない。多くの州はドライのままだった。禁酒法の時代がほんとうに終わったのは、ミシシッピ州が最後に廃止した一九六六年のことである。まだドライのカウンティが存在するのだから、いまなお続いていると言うこともできるだろう。

アメリカ？

アメリカ人ではない人間は全員、アメリカ人は愚かだという点で合意する。これに関しては、かなり多くのアメリカ人もまた、アメリカ人は極めて独特に愚かだという点で合意している。まるで結婚式の席で、親族のふるまいに当惑している人のようだ。アメリカ人の愚かさは有名で、しかも極めて特殊な種類のものだ。月に人を送ったり（そしてそのあと連れ帰ったり）できる種類の独自の愚かさである。歴代のノーベル賞受賞者の三分の一を生み出す種類の愚かさである。愚かさがこぼれ落ちた結果、国は経済的に、軍事的に、文化的に、政治的に、世界一豊かかつ強力になっている。実際アメリカ的愚かさは、しばしば不可解にも、アメリカ的知性であるかのように見えるだろう。だがそんなはずはない。もしアメリカ人が全員、慢性的に、異常に、超絶的深部から根こそぎ愚かであるわけではないとすれば、アメリカ人ではないわれわれは、うぬぼれる理由が何ひとつなくなってしまうのだから。

だがここではわれわれは話を禁酒法に限定し、この発想が、それ自体アメリカ特有の愚かさの実例であるのかどうかを考えねばならない。本書を注意深く読んできたみなさんは、以前の章から答えがわかるだろう。ロシアのウォッカ禁止令は禁酒法と五年間かぶっている。アイスランドではアルコール全面禁止令が一九一五年に導入されたのち、ワインと蒸留酒が一九三五年に、ビールが一九八九年に合法化された。フィンランドは一九一九年から三二年まで禁酒令を敷いていた。ノルウェーは一九一七年から二七年まで蒸留酒を禁止していた。ニュージーランドでは、一九一九年に禁酒法についての国民投票が行なわれた。当時海外に駐留していた軍からの票が加算されたことで、ようやくドライ派の優勢が覆ったのだが、それでもとんでもない僅差であった。

ついでに言うと、アメリカの禁酒法に特有のものとされてきたあれこれも、明らかにそうではない。ジャズはアメリカの発明ではあるけれど、スピーキージーが存在しない英国などでも受け入れられた。カクテルを手にしたフラッパーは、ニューヨークに劣らずロンドンでも多く見られた。フィッツジェラルドの小説と同じくらいイーヴリン・ウォー〔一九〇三―六六、英国の作家〕の小説にも、酒はたくさん登場する。

それどころか、イーヴリンの兄であるアレック・ウォー〔一八九八―一九八一、作家〕は、カクテル・パーティーの発明者だと自称している。彼によると、一九二〇年代前半のイングランドでは「冬の夜、五時半から七時半までのあいだ、何もすることがなかった」。そこで彼は五時半に、三〇人ほどの人たちをお茶に招き、六時一五分前にダイキリを出した。というわけでカクテル・パーティーは、ある日ロンドンで、あるひとりの男によって発明されたのだった。

とはいえそうではなかったろう。慣習だのカクテルだのの正確な起源を探そうとするのは時間の無駄だ。調子のよいときでさえ歴史は霧のようなもの。ましてや酔っぱらいの歴史など、正確に想起されることは決してないだろうし、されるはずがない。

イーヴリン・ウォーは、兄に対して正しい答えを返した。「彼〔イーヴリン〕は目を見開き、白目をむいて言った。「その自慢話、活字にするには慎重さが必要だな」」。

エピローグ

『動物農場』の動物たちが蜂起したのは、農場主のジョーンズ氏が飲んだくれだったからである。物語の結末で彼らは、ブタがビールを飲んでいるのを窓越しに見て、その瞬間、ブタどもが人間になったことを悟る。

これは四〇〇〇年前に『ギルガメシュ叙事詩』で語られたのと同じ物語だ。エンキドゥは動物たちとともに暮らし、ともに飲食する野人だった。女神イシュタルが彼にビールを与え、動物たちは彼がもはや仲間ではないと悟る。西アフリカには、創造主である神が女性たちに、粥とビールの造り方を教える話がある。そのとき毛皮と尾が抜け落ちて、われわれは人間になったのだという。

どこでもいつの時代でも、人間たちは生きているかぎり集まって酔っぱらった。ひとりきりでしらふで経験する世界は、これまでも現在も決して充分なものではない。酔わせるドラッグはもちろんさまざまだったが、いつも存在していたのは確かである。

しばしば人々は「ドラッグに対する戦争」を口にするが、これはばかげている。ドラッグはつねに存在する。ドラッグのあいだでの戦争が行なわれているに過ぎず、そしてこの戦争において、アルコールはほぼ必ず勝利する。そうそう、政府がほんとうにヘロインやらコカインやら何やらを根絶したいのであれば、酒にかけられている税を撤廃しさえすればいいのだ。われわれは単純な生き物なので、何を使って酔っぱらうかは、基本的に価格と入手しやすさから決めるのだから。

だが酔っぱらうとは何か？ 人間の絶えることなきこの願望は何なのか？ この不変のものに、定まっている事柄はほとんどない。同じような人物が繰り返し現われることならよくあった。飲んで飲んで飲みまくっても酔うことのない、強い男たち——ソクラテス、孔子、そしてある程度まではスターリン——がいた一方で、その逆に、四六時中酔っぱらっている強い男たちもいた。ピョートル大帝、オーディン、バーブルがそれであり、さらに言えば、当時の世界を酔っぱらいつつ征服してしまった、アレキサンダー大王もそうである。

移行的飲酒というのがある。われわれはある状態から別の状態へと移るために酒を飲む。労働日の終わりのしるしとして飲み、労働週の終わりのしるしとして飲む。あるいはエチオピアのスリ族であれば、労働日の始まりのしるしとして酒を飲む。彼らによれば、「ビールのないところ、仕事もない」。われわれは洗礼式で飲み、結婚式で飲み、誕生日に飲み、葬儀で飲む。そしていずれの場合でも酒には何らかの意味がある。古い状態が去り、新しい、ちょっと不安定な世界がやって来たことを酒は意味する。ケニアのテソ族〔イテソ族とも言う〕には、新生児にまつわるちょっとした楽しい儀式がある。名前が選ばれると、祖母が指をビールに浸し、その指を赤ん坊の口に入れる。赤ん坊が指を吸ったら、その名前で確定になるのだ。

逃避としての飲酒というのもある。人類学者の言う「第三の場」であるエールハウスやサルーン、カバキなど。だが、これがはなはだしく欠けている文化もある。アラビアやペルシアなどだ。

なぜみんな家で飲もうとしないのか？　サルーンの真鍮のレールや、パブのスロットマシーンは、なぜかくも強力な解放のシンボルであるのか？　われわれは何から逃げているのか？

われわれがその答えを知らないということが、答えなのだと思う。人類は（活性型アルコール脱水素酵素クラスⅣのありがたい変異とともに）木から降りて以来、ふたつの問いを問うてきた。「これだけしかないのか？」という問いと、「する必要はあるのか？」という問いだ。あらゆる社会はルールの体系であるが、そのルールがどれほどよいものであろうと、どれほど理にかなっていようと、どれほど正当で、われわれ自身の安全と福利のためにどれほど賢明に考え抜かれたものであろうと、われわれはときおりそこから逃れねばならない。人類には、ルールを作り出し、その後それを破ろうとする衝動がある。だからこそ人類はちょっとばかり愚かで、同時にちょっとばかり素晴らしい。

もうひとつの問いに対する答えも同じようにほろ酔い気味だ。「これだけしかないのか？」たぶん。おそらく。だが、ずっと多くのものを与えられたとしても、われわれはまだ同じ問いを問うだろう。人間は満足しない。そしてそれもまたわれわれの素晴らしさだ。われわれは越えるべき新たな大海をつねに求めている。そうせねばならないからではなく、退屈しているからだ。われわれは究極の真理について好んで語り合うが、それが見つかったらひどく落胆してしまうだろう。もうなくなってしまうのだから。われわれは描写不可能な神を求める。人間であるわれわれに可能な描写は、特別に賢い魔法使いといったものでしかなく、神はそれ以上のものだとわれわれは知っているからだ。神は決して退屈させない。人間は酔っているとき決して退屈しない。

最良の表現はやはりウィリアム・ジェイムズによるものだ。「しらふであることは、縮小し、区別し、ノーと言う。酔いは、拡大し、統合し、イエスと言う」。

酔っぱらい状態は矛盾の山だ。というのも、何に対してもイエスと言うのだから。それはあるときは暴力を、あるときは平和を扇動する。われわれを歌わせることもあれば、眠らせることもある。古代ギリシア人にとっては自制心を試すものであり、北欧の民にとってはよい詩と悪い詩の両方の源である。王たちの喜びであり、転落である。貧民の慰めであり、その貧しさの原因である。政府にとっては、暴動の原因であり、税収を得る手段である。男らしさの証であり、男らしさを奪うものであり、誘惑の手段であり、陽気なご婦人である。酔っぱらうことは災厄であり、人殺しであり、神々の贈り物である。修道士の必需品であり、救い主の血である。酔っぱらうとは神を経験することであり、酔っぱらうことは神である。

だからこそ、それはいつも身近にあるのだ。最近NASAが発表した内部報告によると、少なくとも二度のスペースシャトルの打ち上げにおいて、宇宙飛行士たちはすっかり、完全に、ご機嫌に酔っていたという。驚くにはあたらない。人々は何千年ものあいだ酔っぱらって仕事をしていた。それに率直に言って、もしもわたしが無限の空虚に向けて何度も音速で発射されねばならないとしたら、昔なじみの頼りになるやつを一杯欲しくなるだろう。

それがわれわれの過去だった。そしてわたしは確信しているのだが、それは未来でもある。現在からはるか先のいつか、チンパンジーが醸造所を乗っ取り、ゾウが蒸留所を占拠し、パブが恋わずらいのミバエで満席になった日には、人類は地球上で最後の一杯をくいっと飲み干し、千鳥足で宇宙船へ転がりこんで、この小さな岩のボールをあとにすることだろう。素晴らしい旅になるだろう。大気を突き破って地球を離れていくわれわれを、神々が応援してくれるだろう――ニンカシが、ハトホルが、ディオニュソスが、バッカスが、トールが、センツォントテチティンが、マダム・ジニーヴァが。ローセルのヴィーナスは、今度ばかりは正しい側に口をつけて、角笛を吹き鳴らしてくれるだろう。そしてわれわれは無限の彼方へブーンと飛んでいく、酔っぱらって。

どこへ向かうのかわたしは知っている。いて座B_2Nだ。それは二万六〇〇〇光年も先にある分子雲だから、旅を始めた者たちがたどり着くことはないだろう。幅は一五〇光年、質量は太陽の三〇〇万倍。想像できないほど巨大な、自然発生した宇宙アルコールの雲だ。そしてそこにおいてわれわれは、無の底でとうとう、なぜなら人間であるがゆえに、宇宙的規模で酔っぱらうのである。

謝辞

この本は、寛大にも時間を割いてわたしに会ってくださったり、こちらのぶしつけな質問に答えてくださったりした、多くの人たちの助けなしには書くことはできなかった。次のみなさんに感謝申し上げる。パトリック・マクガヴァン教授、ポール・ストローム教授、ジュディス・ジェッシュ教授、ジョン・C・ダーネル教授、ベッツィ・ブライアン教授、ローランド・メイヤー教授（ローマ人の嘔吐についてのメモに感謝）、ランス・B・オールレッド博士、マーサ・カーリン教授、ファラメアズ・ダブホイワラ教授、デイヴィッド・ラングフォード、サム・ギルバート博士、トム・オシェイ、イアン・アーヴァイン、エレナ・クック、ヒラリー・スコット、デレク・ロビンソン、スティーヴン・ライアン。本書にどうにか事実がしみこんだのは、全部この人たちのおかげである。間違いや矛盾、説明のつかないところ、荒っぽい結論の引き出し方は、全面的にわたしのせいである。

さらに、草稿を読み、オックスフォード・カンマ〔三つ以上のものを列挙する際、and や or の前に置くカンマのこと。これの有無によって意味が変わることがある〕について有用な助言をくれたわたしの両親、ジョン・ゴールドスミスとジェイン・シーバーに感謝する。

参考文献

全般

Iain Gately, *Drink: A Cultural History of Alcohol*, New York: Gotham, 2008

Tom Standage, *A History of the World in 6 Glasses*, New York: Anchor, 2005〔日本語訳＝トム・スタンデージ／新井崇嗣（訳）『世界を変えた6つの飲み物——ビール、ワイン、蒸留酒、コーヒー、紅茶、コーラが語るもうひとつの歴史』（インターシフト、二〇〇七／楽工舎、二〇一七）〕

1　進化

Sarah Cains, Craig Blomeley, Mihaly Kollo, Romeo Rácz and Denis Burdakov, 'Agrp Neuron Activity is Required for Alcohol-Induced Overeating', *Nature Communications* 8: 14014 (2017), DOI: 10.1038/ncomms14014

Matthew A. Carrigan, Oleg Uryasev, Carole B. Frye, Blair L. Eckman, Candace R. Myers, Thomas D. Hurley and Steven A. Benner, 'Hominids Adapted to Metabolize Ethanol Long Before Human-Directed Fermentation', *PNAS* 112:2 (2015), 458-63, DOI: 10.1073/pnas.1404167111

Charles Darwin, *The Descent of Man, and Selection in Relation to Sex*, 2 vols, London: John Murray, 1871〔日本語訳＝チャールズ・ダーウィン／長谷川眞理子（訳）『人間の進化と性淘汰』（文一総合出版、一九九九）〕

Robert Dudley, *The Drunken Monkey*, Berkeley: University of California Press, 2014

William J. A. Eiler II, Mario Džemidžić, K. Rose Case, Christina M. Soeurt, Cheryl L. H. Armstrong, Richard D. Mattes, Sean J. O'Connor, Jaroslaw Harezlak, Anthony J. Acton, Robert V. Considine and David A. Kareken, 'The Apéritif Effect: Alcohol's Effects on the Brain's Response to Food Aromas in Women', *Obesity* 23:7 (2015), 1386-93, DOI: 10.1002/oby.21109

The Works of Benjamin Franklin; Containing Several Political and Historical Tracts Not Included in Any Former Edition, and Many Letters, Official and Private, Not Hitherto Published; with Notes and a Life of the Author, ed. Jared Sparks, vol. 2, Boston: Tappan, Whittemore & Mason, 1836

A. P. Herbert, 'Some Aspects of Hyperhydrophilia', in Cyril Ray (ed.), *The Compleat Imbiber*, vol. 1, London: Putnam, 1956

Sir John Lubbock, Bart., *The Beauties of Nature and the Wonders of the World We Live In*, London: Macmillan, 1892, pp. 62-3〔日本語訳＝ラバック／板倉勝忠（訳）『自然美と其驚異』（岩波文庫、一九三三）〕

Patrick E. McGovern, *Uncorking the Past*, Berkeley: University of California Press, 2009〔日本語訳＝パトリック・E・マクガヴァン／藤原多伽夫（訳）『酒の起源——最古のワイン、ビール、アルコール飲料を探す旅』（白揚社、二〇一八）〕

Ronald K. Siegel, *Intoxication*, Rochester, Vermont: Park Street Press, 1989
Tom Standage, *A History of the World in 6 Glasses*, New York: Anchor, 2005〔日本語訳＝スタンデージ『世界を変えた6つの飲み物』〕

2　飲酒前史

Solomon H. Katz and Mary M. Voigt, 'Bread and Beer: The Early Use of Cereals in the Human Diet', *Expedition* 28 (1986), 23-34, https://www.penn.museum/documents/publications/ expedition/PDFs/28-2/Bread.pdf
Patrick E. McGovern, *Uncorking the Past*, Berkeley: University of California Press, 2009〔日本語訳＝マクガヴァン『酒の起源』〕
'Symposium: Did Man Once Live by Beer Alone?', *American Anthropologist* 55:4 (1953), 515-26, http://onlinelibrary.wiley.com/doi/10.1525/aa.1953.55.4.02a00050/epdf

3　シュメールのバー

Lance Allred,'The Ancient Mesopotamian"Tavern"', AOS 2009
Lance Allred,'Beer and Women in Mesopotamia', AOS 2008
J. A. Black, G. Cunningham, J. Ebeling, E. Flückiger-Hawker, E. Robson, J. Taylor and G. Zóyomi, *The Electronic Text Corpus of Sumerian Literature*, Oxford: Faculty of Oriental Studies, University of Oxford, 1998-2006, http://etcsl. orinst.ox.ac.uk/
Jerrold Cooper, 'Prostitution', *Reallexikon der Assyriologie* 11 (2006), 12-22

4　古代エジプト

Betsy M. Bryan, 'Hatshepsut and Cultic Revelries in the New Kingdom', in José M. Galán, Besty M. Bryan and Peter F. Dorman (eds.), *Creativity and Innovation in the Reign of Hatshepsut*, SAOC 69, Chicago: The Oriental Institute, University of Chicago, 2014, pp.93-123
John C. Darnell,'Hathor Returns to Medamûd', *Studien zur Altägyptischen Kultur* 22 (1995), 47-94
John C. Darnell,'The Rituals of Love in Ancient Egypt: Festival Songs of the Eighteenth Dynasty and the Ramesside Love Poetry', *Die Welt des Orients* 46 (2016), 22-61, DOI: 10.13109/wdor.2016.46.1.22
M. Depauw and M. Smith, 'Visions of Ecstasy: Cultic Revelry before the Goddess Ai/Nehemanit. Ostraca Faculteit Letteren (K.U. Leuven) dem. 1-2', in F. Hoffmann and H. J. Thissen (eds.), *Res severa verum gaudium: Festschrift für Karl-Theodor Zauzich zum 65. Geburtstag am 8. Juni 2004, Studia Demotica* 6 (2004), 67-93
'Hymn from Ptolemaic Temple at Medamud', http://www.heth ert.org/hymnsprayers.htm#Hymn from Ptolemaic Temple at Medamud, 1999-2007 by Neferuhethert
William Kelly Simpson (ed.), *The Literature of Ancient Egypt: An Anthology of Stories, Instructions, and Poetry*, trans. R. O. Faulkner,

Edward F. Wente, Jr. and William Kelly Simpson, New Haven: Yale University Press, 1972
William James, T*he Varieties of Religious Experience,* London: Penguin Classics, 1985, p.387〔日本語訳＝ウィリアム・ジェイムズ『宗教的経験の諸相』（岩波文庫など）〕

5　ギリシアの饗宴《シュンポシオン》

E. R. Dodds, *The Greeks and the Irrational*, Berkeley: University of California Press, 1951
Robin Osborne, 'Intoxication and Sociality: The Symposium in the Ancient Greek World', in Phil Withington and Angela McShane (eds.), *Cultures of Intoxication, Past & Present*, Supplement 9, Oxford: Oxford University Press, 2014, 34-60

6　古代中国の飲酒

The Book of Songs [*Shih Ching*], trans. Arthur Waley, London: George Allen & Uwin, 1937〔日本語訳＝『詩経』（中公文庫など）〕
The Confucian Analects, trans. James Legge, Oxford: Clarendon Press, 1893〔日本語訳＝『論語』（ちくま文庫など）〕
'The Shû King, the Religious Portions of the Shih King and the Hsiâo King', trans. James Legge, in *The Sacred Books of the East*, vol. 3, Oxford: Clarendon Press, 1879
Roel Sterckx, 'Alcohol and Historiography in Early China', *Global Food History*, 1:1 (2015), 13-32
Roel Sterckx, *Food, Sacrifice, and Sagehood in Early China*, Cambridge: Cambridge University Press, 2011

7　聖書

Robert Alter, *The Five Books of Moses: A Translation with Commentary*, New York: Norton, 2004
Robert Alter, *The Wisdom Books: Job, Proverbs, and Ecclesiastes. A Translation with Commentary*, New York: Norton, 2010
C. K. Barrett, *The Gospel According to St John*, 2nd edn, London: SPCK, 1978
Campbell Bonner,'A Dionysiac Miracle at Corinth', *American Journal of Archaeology* 33:3 (July-Sept. 1929), 368-75
Barnabas Lindars, *The Gospel of John,* The New Century Bible Commentary, London: Marshall, Morgan & Scott, 1972

8　ローマの饗宴《コンウィウィウム》

Susan E. Alcock,'Power Lunches in the Eastern Roman Empire', *Michigan Quarterly Review* 42:4 (2003), 591-606, https://quod.lib.umich.edu/cgi/t/text/text-idx?cc=mqr;c=mqr;c=mqrarchive;idno=act2080.0042.401;rgn=main;view=text;xc=1;g=mqrg
W. A. Becker, *Gallus: or Roman Scenes of the Time of Augustus*, trans. Rev. Frederick Metcalfe, London: Longmans, Green, 1886

9　暗黒時代

Alcuin of York,'Letter to Higbald', in Stephen Allott, *Alcuin of York*, York: William Sessions, 1974; reprinted in Paul Edward Dutton (ed.), *Carolingian Civilization: A Reader*, Peterborough, Ontario: Broadview Press, 1993, pp.123-5

Histories of the Kings of Britain, by Geoffrey of Monmouth, trans. Sebastian Evans, London: Dent, 1904〔日本語訳＝ジェフリー・オヴ・モンマス／瀬谷幸男（訳）『ブリタニア列王史』（南雲堂フェニックス、二〇〇七）〕

Priscus,'Dining with Attila', trans. in J. H. Robinson, *Readings in European History*, vol. 1, Boston: Ginn, 1904

St.Benedict's Rule for Monasteries, trans. from the Latin by Leonard J. Doyle, Collegeville, Minnesota: The Liturgical Press, 1948

Tacitus, *Germany and its Tribes*, in Alfred John Church and William Jackson Brodribb (eds.), *Complete Works of Tacitus*, New York: Random House, 1942; edited for Perseus by Lisa Cerrato, http://www.perseus.tufts.edu/hopper/text?doc=Pers eus:abo:phi,1351,002:22〔日本語訳＝タキトゥス『ゲルマニア』（ちくま学芸文庫など）〕

10　イスラムの飲酒

Shahab Ahmed, *What is Islam? The Importance of being Islamic*, Princeton: Princeton University Press, 2016

Elena Andreeva, *Russia and Iran in the Great Game: Travelogues and Orientalism*, London: Routledge, 2007

Franciscus de Billerbeg, *Most rare and straunge discourses, of Amurathe the Turkish emperor that now is with the warres betweene him and the Persians: the Turkish triumph, lately had at Constantinople*, London, 1584

James B. Fraser, *Narrative of a journey into Khorasān, in the years 1821 and 1822. Including some account of the countries to the north-east of Persia; with remarks upon the national character, government, and resources of that kingdom*, London: Longman, Hurst, Rees, Orme, Brown & Green, 1825

'Illegal Alcohol Booming in Iran', BBC News, 15 Sept. 2011, http://www.bbc.co.uk/news/world-middle-east-14939866

Kai Ká'ûs ibn Iskandar, Prince of Gurgān, *A Mirror for Princes: The Qābūūs nūma*, trans. from the Persian by Reuben Levy, London: Cresset Press, 1951

Philip F. Kennedy, *The Wine Song in Classical Arabic Poetry,* Oxford: Clarendon Press, 1997

Rudi Matthee, 'Alcohol in the Islamic Middle East: Ambivalence and Ambiguity', in Phil Withington and Angela McShane (eds.), *Cultures of Intoxication, Past & Present*, Supplement 9, Oxford: Oxford University Press, 2014, 100-25

Poems of Wine and Revelry: The Khamriyyat of Abu Nuwas, trans. Jim Colville, London: Kegan Paul, 2005

11　ヴァイキングの宴《スムブル》

The Poetic Edda, trans. from the Icelandic by Henry Adams Bellows, Princeton: Princeton University Press, 1936, http:// www.sacred-texts.com/neu/poe/poe.pdf

Joshua Rood,'Drinking with Óðinn: Alcohol and Religion in Heathen Scandinavia', Reykjavik: Háskóli Íslands, 2014, http://www.academia.edu/8640034/Drinking_with_%C3%93%C3% B0inn_Alcohol_and_Religion_in_Heathen_Scandinavia
Snorri Sturluson, *The Prose Edda*, trans. Jesse L. Byock, London: Penguin Classics, 2005

12 中世のエールハウス

Martha Carlin,'The Host', in Stephen H. Rigby (ed.), *Historians on Chaucer: The 'General Prologue' to the Canterbury Tales,* Oxford: Oxford University Press, 2014, pp.460-80 (updated version kindly supplied by the author)
Martha Carlin, *Medieval Southwark*, London: The Hambledon Press, 1986
Peter Clark, *The English Alehouse: A Social History 1200-1830*, London: Longman, 1983

13 アステカ

Rebecca Earle,'Indians and Drunkenness in Spanish America', in Phil Withington and Angela McShane (eds.), *Cultures of Intoxication, Past & Present*, Supplement 9, Oxford: Oxford University Press, 2014, 81-99
Munro S. Edmonson (ed.), *Sixteenth-Century Mexico: The Work of Sahagún*, Albuquerque: University of New Mexico Press, 1974
Jacques Soustelle, *Daily Life of the Aztecs on the Eve of the Spanish Conquest*, trans. Patrick O'Brian, London: Weidenfeld & Nicolson, 1961

14 ジン狂い時代

Patrick Dillon, *Gin: The Much Lamented Death of Madam Geneva*, London: Thistle, 2013
Bernard Mandeville, *An enquiry into the causes of the frequent executions at Tyburn: and a proposal for some regulations concerning felons in prison, and the good effects to be expected from them*, London: Roberts, 1725
The Political State of Great Britain, vol. 51, London: T. Cooper, 1736, pp.350-51
Dudley Bradstreet, *The life and uncommon adventures of Captain Dudley Bradstreet*, Dublin: Powell, 1755
Jessica Warner, *Craze: Gin and Debauchery in an Age of Reason*, London: Profile, 2003

15 オーストラリア

Matthew Allen, 'The Temperance Shift: Drunkenness, Responsibility and the Regulation of Alcohol in NSW, 1788-1856', PhD thesis, University of Sydney, 2013
Alan Atkinson, *The Europeans in Australia: A History*, vol. 1, Oxford: Oxford University Press, 1997
http://www.foundingdocs.gov.au/resources/transcripts/nsw2_doc_1787.pdf

Tom Gilling, *Grog: A Bottled History of Australia's First 30 Years*, Sydney, NSW: Hachette Australia, 2016
David Hunt, *Girt: The Unauthorised History of Australia*, vol. 1, Collingwood, Victoria: Black, 2013
Henry Jeffreys, *Empire of Booze*, London: Unbound, 2016
Watkin Tench, *A Narrative of the Expedition to Botany-Bay*, London: Debrett, 1789, http://adc.library.usyd.edu.au/data-2/ p00039.pdf

16　ワイルド・ウエスト・サルーン

George Ade, *The Old Time Saloon: Not Wet — Not Dry, Just History*, Chicago: University of Chicago Press, 2016
Susan Cheever, *Drinking in America*, London: Hachette, 2016
Dan De Quille, *History of the Big Bonanza: An Authentic Account of the Discovery, History and Working of the World Renowned Comstock Silver Lode of Nevada*, Hartford, Connecticut: American Publishing, 1876
El Paso *Daily Times*, 2 June 1884
Richard Erdoes, *Saloons of the Old West*, New York: Knopf, 1979〔日本語訳＝リチャード・アードーズ／平野秀秋（訳）『大いなる酒場――ウエスタンの文化史』（晶文社、一九八四）〕
Pierre Lacour, *The manufacture of liquors, wines, and cordials, without the aid of distillation. Also the manufacture of effervescing beverages and syrups, vinegar, and bitters. Prepared and arranged expressly for the trade*, New York: Dick & Fitzgerald, 1853
Randolph Roth,'Homicide Rates in the American West', Ohio State University, Criminal Justice Research Center, 2010, https://cjrc.osu.edu/research/interdisciplinary/hvd/homicide-rates-american-west
Christine Sismondo, *America Walks into a Bar*, Oxford: Oxford University Press, 2011

17　ロシア

Sir John Barrow, *A Memoir of the Life of Peter the Great*, London, 1839
David Christian, *'Living Water' : Vodka and Russian Society on the Eve of Emancipation*, New York: Oxford University Press, 1990
Giles Fletcher, *Of the Russe Common Wealth*, London, 1591 (reprinted in *Russia at the Close of the Sixteenth Century...*, ed. Edward A. Bond, London: Hakluyt Society, 1856)
Mark Lawrence Schrad,'Moscow's Drinking Problem', *New York Times*, 16 April 2011
Mark Lawrence Schrad, *Vodka Politics: Alcohol, Autocracy, and the Secret History of the Russian State*, Oxford: Oxford University Press, 2014

18　禁酒法

George Ade, *The Old Time Saloon: Not Wet — Not Dry, Just History*, Chicago: University of Chicago Press, 2016

Jack S. Blocker, Jr,'Did Prohibition Really Work? Alcohol Prohibition as a Public Health Innovation', *American Journal of Public Health* 96:2 (Feb. 2006), 233-43, http://ajph.aphapub lications.org/doi/full/10.2105/AJPH.2005.065409
Daniel Okrent, *Last Call: The Rise and Fall of Prohibition*, New York: Scribner, 2010

訳者あとがき

本書は、Mark Forsyth, *A Short History of Drunkenness*, Viking, 2017 の全訳である。

著者のマーク・フォーサイズは一九七七年ロンドン生まれ。洗礼式のプレゼントに『オックスフォード・イングリッシュ・ディクショナリー』をもらったのをきっかけに、辞書と言葉の世界にどっぷりのめりこむことになったという。オックスフォード大学リンカン・カレッジで英語学・英文学を学んだのちは、本人によれば、ジャーナリストや校閲者、ゴーストライターなどで生計を立てていた。そうしたなかで、二〇〇九年にブログ『インキー・フール』(*Inky Fool* blog.inkyfool.com)を開設し、愛してやまない言葉についての蘊蓄をつづっていたところ、これが人気となり、出版社「アイコン・ブックス」(Icon Books)の目に留まる。そうして二〇一一年に刊行された初の著書が『エティモロジコン』(*The Etymologicon*)だった。英語の言葉の語源や、言葉相互の関係性などを、連想形式で解き明かしていくこの本は、フォーサイズを一躍ベストセラー作家の座へと押し上げた。『エティモロジコン』のなかで、彼は蓄えた知識を次々開陳する一方、ほんとうに関係のあることと単なる偶然とを区別しなければならないと厳しく説き、一般に信じられている語源の「伝説」を、いくつかあっさり却下している。みなさんがいま手にされているこの本のなかでも、たとえばロシアにおけるウォッカの起源について、ネットなどで事実として流布されているのとは違う説が採られているが、自身が長年積み重ね、鍛え上げてきた学識と判断力を信じてきっぱりとした態度を取る、いわばプロのディレッタントとしてのフォーサイズの姿勢が、そうしたところに現われていると言えそうだ。

フォーサイズの他の著書には、死語の世界の豊かさを語る『ホロロジコン』(*The Horologicon*)、シェイクスピアからタランティーノ、ケイティ・ペリーまで引きながらさまざまな修辞法を解説する『雄弁の要素』(*The Elements of Eloquence*)、独立系書店での思いがけない発見のよさをつづったエッセイ『アンノウン・アンノウン』(*The Unknown Unknown*)などがある。最新版(二〇一四年刊行)の『コリンズ・イングリッシュ・ディクショナリー』には序文を寄せており、幼少期から辞書とともに歩んできた彼にとって、これは極めて感慨深い仕事であったろう。言葉についての彼の講演は、TEDトークで視聴することもできる。

フォーサイズの著書が必ず人気を博す理由は、矢継ぎ早に詰めこまれた豊富な情報と、エンタメ性にあふれた語り口にあって、本書もそれらの特色を共有している。彼は修辞法や各作家の文体に精通しているけれども、自身の文体はと言えば、極めて短いセンテンスが多くの部分を占めていて、彼自身自嘲的に言っているとおり、ともすれば電文のように聞こえるところもあるくらいだ。そのスピード感とリズム感の面白さを、この日本語版から感じ取っていただけたなら、訳者としてこれほどうれしいことはない。また、本書にはどこを切ってもあふれ出す英国流の皮肉なユーモアがあって、これを訳者が上手く表現できているかは非常に心配なのだが(たとえばフォーサイズはしばしば、ものすごくひどい有様や、残酷極まりない事態について、「素晴らしい」とか「楽しそう」とかいった言葉をわざと使ったりするのですが、念のため申し上げておきますと、そうした場合の彼は、本気で「素晴らしい」だの「楽しそう」だの思っているわけでは、もちろん、断じてないのです）そのあたりのニュアンスを感じ取りつつお読みいただけたなら、おそらくかなり楽しい読書体験になるのではないかと思う。取り上げられているエリアや時代が網羅的ではないのが残念に思われるかも知れないけれど、そこは著者も言っているとおり、網羅的に書いたら「小史」ではなくなるからということでご容赦ください。

本文中に、あまり一般的に知られていないと思われる書籍の題名が登場した場合、原則として、巻末の引用文献に挙げられていないものについては原題を付した。〔 〕は訳者による補足や注、（ ）と［ ］は原著者による補足を示している。

翻訳にあたっては、例によって多くの方々にお世話になっている。いくつかの箇所については、専門分野が近いと思われる知人・友人から貴重な助言をいただいた。この場を借りてお礼申し上げます。そして、およそ四年ぶりで何度目かのタッグを組んだ青土社の菱沼達也さん、今回もありがとうございました。

二〇一八年一一月　　訳者

索引

酔っぱらいの歴史

2019年 1 月 15日 第1刷発行
2019年 3 月 29日 第2刷発行

著者——マーク・フォーサイズ
訳者——篠儀直子

発行人——清水一人
発行所——青土社
〒101-0051 東京都千代田区神田神保町1-29 市瀬ビル
［電話］03-3291-9831（編集） 03-3294-7829（営業）
［振替］00190-7-192955

印刷・製本——シナノ印刷

装幀——村松道代

Printed in Japan
ISBN978-4-7917-7127-1 C0020